이희천의 재집권전략

이희천의 재집권전략

초판인쇄 2024년 7월 3일
초판발행 2024년 7월 9일

지은이 이희천
발행인 이희천
펴낸곳 도서출판 대추나무
주 소 인천광역시 남동구 문화서로 3번길 14-7 101호
전 화 032-421-5128
팩 스 032-422-5128
등 록 231-99-00699
ISBN 979-11-978023-3-1 (03340)

정가 16,000원
파본은 구입처나 본사에서 교환해드립니다.

反大勢 大勢

이희천의 재집권전략

이희천 지음

도서출판 대추나무

프롤로그

대한민국을 수술하는 마스터플랜

이 책은 재미로 읽은 도서가 아니다. 대한민국을 해부해 암을 도려내고 재활을 요구하는 가이드북이다. 지금 대한민국의 자유민주주의는 벼랑 끝에 서 있으며, 임종의 암환자처럼 가쁜 숨을 몰아쉬고 있다. 어떻게 할 것인가? 우리 국민들은 이제 선택을 해야 한다. 죽게 놔둘 것인지, 아니면 고통스럽더라도 수술받고 되살릴 것인지.

2024년 4.10총선은 어쩌면 대한민국의 자유민주주의체제에서 한 마지막 선거일지도 모르는 결정적 분기점이었다. 그런 위기상황이었는데도 우파국민들 조차도 도대체 어떻게 해야하는지 몰랐고, 모래알처럼 분열되고, 모두들 갈지자 걸음을 거듭하면서 총선에 참패하고 말았다.

총선이 끝나 이재명체제가 주도하는 입법부를 경험하면서 많은 사람들이 불안감을 호소하고 있다. 어느 누구도 명쾌한 극복방안을 제시하지 못하고 있다. 정부도, 당도, 우파단체도, 전문가들도 말이다. 많은 국민들은 불안감과 분노감을 표출하고 있다. "윤석열 때문이야", "한동훈 때문이야" 등 서로 책임공방을 하며 내분사태가 발생할 조짐마저 보이고 있다. 빨리 이러한 불안감을 긍정의 에너지로 바꾸지 않으면 자해상황이 발생할 수도 있다. 발빠른 대처가 필요하다. 정부나 정당들, 우파단체, 국민들을 하나로 묶을 수 있는 전략이 필요한 시점이다. 그래서 내가 이 책을 쓴 것이다.

이 책은 단순히 보수재집권플랜이 아니다. 진보-보수라는 프레임으로는 재집권할 수 없는 상태다. 종북세력이 개발한 보수-진보 프레임은 더 이상 쓰지 않을 것을 선포한다. 좌파세력이 만든 악성 프레임을 완전히 버리고, 대한민국에 유리한 새로운 프레임으로 정세를 인식하고 말할 것을 권한다.

이 책은 사실은 우파재집권플랜도 아니다. 새로운 대세집권전략이다. 우파집권이라면 중도나 좌파 중 대한민국 긍정세력은 제외되기 때문이다. 이제 대세운동으로 나아가자. 대세운동은 대세(대한민국세력)-반대세(반대한민국세력) 프레임으로 국민들을 재편하고 대한민국세력은 다함께 가자는 국민통합운동이자, 대세에 의해 새로운 대한민국을 창조하자는 대한민국운동이다. 이 책에는 우파-좌파란 말을 많이 썼는데, 기존의 국민들이 이해하기 쉽도록 하기 위해 쓴 것일 뿐이다.

대세운동은 우파니 중도니 좌파니 하는 기존 관념에서 벗어나 대한민국을 긍정하는 사람들을 중심으로 새롭게 정치질서를 재편하자는 국민사상운동이다. 대한민국세력이란 대한민국 자유민주주의체제가 존속하고 대한민국 역사가 존속되기를 원하는 사람을 말한다. 반대한민국세력이란 대한민국의 역사를 부정하고 대한민국의 자유민주주의체제를 허물고 인민민주주의체제(공산주의, 사회주의체제)로 변혁하려는 반체제세력을 말한다. 그런데, 좌경세력까지 그냥 포용하는 것이 아니다. 종북세력 등 반대한민국세력의 실체를 알리고 사상각성운동을 병행하는 포용운동이다.

이렇듯, 내가 이 책을 쓰는 이유는 우파국민들에게 희망의 출구를 제시하고, 국민불안 심리를 걷어내고, 대한민국세력의 새로운 집권을 통해 종북 반대세를 이 땅에서 고립시키며, 이들이 만들어 놓은 족쇄들을 제거하는 수술을 하기 위해서다. 이 책을 읽고 전파하는 실천행동을 하는 자체가 대세운동이다.

할 수 있나? 할 수 있다. 우리가 지금까지 가졌던 잘못된 관념을 획기적으로 바꾸기만 하면 된다. 꼴찌로 달리다가도 “뒤로 돌아 갓”하면 바로 1등이 된다는 원리다. 이 마스터플랜을 통해 모든 대한민국세력이 간단한 전략전술을 습득하고 이웃에 전파한다면 빅뱅의 역사가 일어날 것이다. 절망의 대한민국이 희망의 대한민국으로 급변할 것이다.

2024년 6월 25일

저자 이희천

차례

시작하며

윤석열 대통령께 드리는 글

윤석열 대통령님!

안녕하십니까? 대통령님은 그간 참으로 어려운 길을 걸어오셨고, 역사의 변곡점에서 좌파정권에 대한 국민의 심판으로 그 자리에 서신 겁니다.

저는 대통령께서 나름 나라를 위해 혼신의 노력을 다했다고 생각합니다. 강력한 야당의 공세로 법률 하나 제대로 만들 수 없고, 대통령실, 정부기관, 공직자들도 뜻대로 움직여 주지 않는 현실에서 안타까움도 많았을 것입니다.

그런데, 우파국민들은 "대통령이 되었는데, 왜 단호하게 국정운영을 못하냐?"라며 질타하니, 섭섭함도 있었을 것입니다. 그것은 어쩌면 대한민국 대통령으로서의 운명 아닐까요?

대통령께서는 어느 누구보다 '총선 승리'를 간절히 바랐을 것이라고 생각합니다. 그러나 현실은 기대와 달랐습니다. 총선 참패로 인한 충격이 적지 않았을 것입니다. 이재명 대표와 협치를 이야기하시면서 이상한 행보를 보이기도 했습니다. 대통령실 측근들도 대통령께서 지난해 누누이 강조했던 반국가세력, 종북세력, 공산전체주의세력 등 발언에 대해 '이념과잉형 표현'이라며 앞으로 자제하겠다는 발언까지 했습니다. 물론 개인적으로는 이해합니다. 정치상황이 더 나빠졌기 때문입니다.

그러나 역사는 양다리를 허용하지 않을 때도 있습니다. 정유재란 시 이순신 장군 앞에 놓인 현실이 바로 그랬습니다. 이순신 장군은 왜군이 12척밖에 남지 않은 조선수군을 멸절시키려고 진도 울돌목으로 진군해 왔을 때, 그는 죽기를 각오했고 부하들에게도 죽기로 싸울 것을 요구했습니다. 그래서 결국 승리했고, 조선의 역사를 지켰습니다.

지금 대한민국은 죽느냐 사느냐의 변곡점에 서 있습니다. 다음을 기약할 수 없습니다. 대통령님께서 초점을 잃고 좌고우면하는 순간, 대통령님은 물론 대한민국의 자유민주주의도 지킬 수 없고, 종국에는 대한민국 역사 자체도 파괴될 것입니다.

지금 대한민국에 닥친 위기는 이념 · 사상 때문에 온 위기입니다. 그런데, 이념 · 사상문제를 외면한다면 이 위기를 돌파할 아무런 방법이 없습니다. 대통령님께 묻습니다. 자유민주주의를 말하시지만 진짜로 이념에 입각한 진정한 대한민국을 세우시기를 원하십니까? 알고는 있지만 국정운영에 정치적 부담을 느끼십니까? 총선 패배로 인해 이러지도 저러지도 못하는 상황 때문입니까?

그렇다면 대통령님은 자유를 잘못 이해하시는 겁니다. 대통령 이전에 한 개인으로서, 그 이념과 철학이 타인에 의해 부정되었을 때, 자유는 무너지고 공동체는 파괴되는 것입니다. 대통령직 또한 보장받을 수 없습니다.

이념은 도구가 될 수 없습니다. 이념은 다른 이념과의 대결과 경쟁이 아니라, 우리의 이념을 제대로 확립하고 이념을 근본으로 이 나라를 번영시키는 것이 국가지도자의 소명이고 집권의 이유입니다.

대통령님이 당선되기 전 대한민국 상황을 돌이켜 보십시오.

문재인정권은 자신들의 의지를 구현하기 위해 시장을 무시하고 국가권력이 모든 것을 좌우하겠다는 전체주의 정권이었습니다. 그들만의 권력을 위해 국가의 공권력, 예산, 행정, 정치권력을 총동원하였습니다. 문재인정권은 오로지 자유민주주의를 무력화시키는 정책을 강행했습니다. 나쁜 사상이지만 목숨 걸고 이것을 실현하기 위해 노력한 것을 보지 않으셨습니까? 이재명 더불어민주당을 보십시오? 그 사상에 따라 나라를 바꾸기 위해 얼마나 악법을 만들고 통과시키려 노력합니까? 어떤 고난도 마다하지 않는 집념만큼은 본받아야 할 점입니다.

자유민주주의체제의 대한민국을 지켜야 한다면, 자유민주주의 이념을 지키기 위한 이념전쟁, 사상전 하는 것을 회피하면 안 됩니다. 그들이 목숨 걸고 싸움을 건다면 우리도 목숨을 걸고 싸움에 응해야 합니다. 종북사상은 자유민주주의를 허용하는 사상이 아닙니다. 자유민주주의를 파괴하고 그 위에 종북세상을 만들려는 것입니다. 그래서 자유민주주의는 종북세력과는 공존공생, 협치가 불가능합니다. 자유민주주의를 진정으로 지키고자 한다면 자유민주주의체제를 파괴하는 세력과는 맞짱을 떠야 합니다. 회피로는 결단코 자유민주주의를 지킬 수 없습니다. 반체제세력과의 협치, 양보는 항복으로 가는 계단일 뿐입니다.

대통령님 앞에는 두 개의 길밖에 없습니다. 죽느냐, 사느냐. 악한 종북세력에게 항복해 잠시 사는 길을 택하느냐, 아니면 국민들과 함께 싸워 영원한 영웅으로 남는 길을 택하느냐입니다. 이순신 장군이 말했던 것처럼 죽고자 하면 살고 살고자 하면 죽습니다. 용기를 내는 대통령님 옆에는 우리가 있습니다. 용기를 내십시오.

대통령님!

대한민국 부정세력을 위한 길을 가지 않기 위해서, 이념과 철학을 더 확고하게 무장하십시오. 대세정부의 존립 근거를 다시 새롭게 정립하십시오.

대통령은 국민을 담는 큰마음이 있으십니다. 이 나라를 위해 자신을 버리는 빈 마음이 있다고 확신합니다. 그것이 대통령님이 말하는 '자유의 힘'일 것입니다.

무엇이 두려우십니까?

대통령님은 이제 다시 시작해야 합니다. 인간과 사회에 대한 깊은 이해, 자유민주주의라는 대한민국의 근간을 바탕으로 다시 시작해야 합니다.

다시 빈 마음으로 돌아가, 오직 이 나라와 이 땅의 정의를 위해 맞섰던, 그래서 국민에게 감동을 주었던 대통령의 신념과 함께 진정한 대세지도자로 거듭나야 합니다.

2024년 6월 25일

이희천 올림

1장

들어가며

❶

충격적인 총선 결과

이번 22대 총선 결과는 충격이었다. 국회의원을 당선시킨 정당이 8개였는데, 놀랍게도 우파정당은 하나밖에 없었다. 국민의힘인데, 전체 300석 중 달랑 108석 뿐. 진보당(3석), 더불어민주당(174석) 등 좌파정당은 300석 중 188석에 달했다. 대한민국은 우파(자유민주주의 노선)의 나라인데도 우파정당이 홀로 외롭기 그지없다.

다행스럽게도 국민의힘이 108석을 얻어 헌법을 바꾸거나 대통령을 탄핵하는 것(200석)을 겨우 막을 수 있게 되었다. 그러나 절대 안심할 수 없는 상황이다. 국민의힘을 제외한 8개의 정당(192명)이 모두 윤석열 반대진영에서 서 있기 때문이다. 국민의힘 내에서 8명만 반윤석열 진영에 동조하면 모든 게 끝이다. 윤석열 반대진영이 200명을 확보하는 순간 대통령 탄핵이나 헌법도 바꿀 수 있다.

이제 대한민국은 이토록 위험한 벼랑 끝에 서 있다. 과연 윤석열 정부와 여당은 이러한 상태에서 제대로 국정을 운영할 수 있을까?

이른바 우파의 위기다. 이 위기의 본질은 무엇인가? 우파 이념의 위기인가? 아니면 우파정치세력이 우파이념을 잃어버려 자초한 위기인가?

현재 대한민국의 위기의 본질은 우파이념 즉 자유민주주의가 잘못되었거나 자유민주주의가 국민들로부터 배척을 받아 생긴 것이 아니다. 국민의힘과 우파정치세력이 우파 이념(자유민주주의)과 가치를 망각해 제대로 정책으로 구현하지 못하고, 자유민주주의 국민들을 제대로 인도하지 못해 생긴 문제인 것이다. 그러니까 우파이념의 위기가 아니라 우파정치세력의 위기일 뿐이다.

나무로 치면, 땅속에 박힌 뿌리는 이념, 철학이다. 나무기둥과 가지는 정당, 정부, 시민단체 등인데, 뿌리에서 올라온 영양소를 받아들여 열매 맺게 하는 통로이다. 열매는 입법, 행정(정책), 사법(재판) 등이다. 정당, 정부, 시민단체 등이 잘못되면 뿌리에서 올라온 영양소를 가지고 올바른 열매를 맺지 못하는 것이다. 오늘날 대한민국의 위기는 자유민주주의라는 이념의 문제, 뿌리의 문제

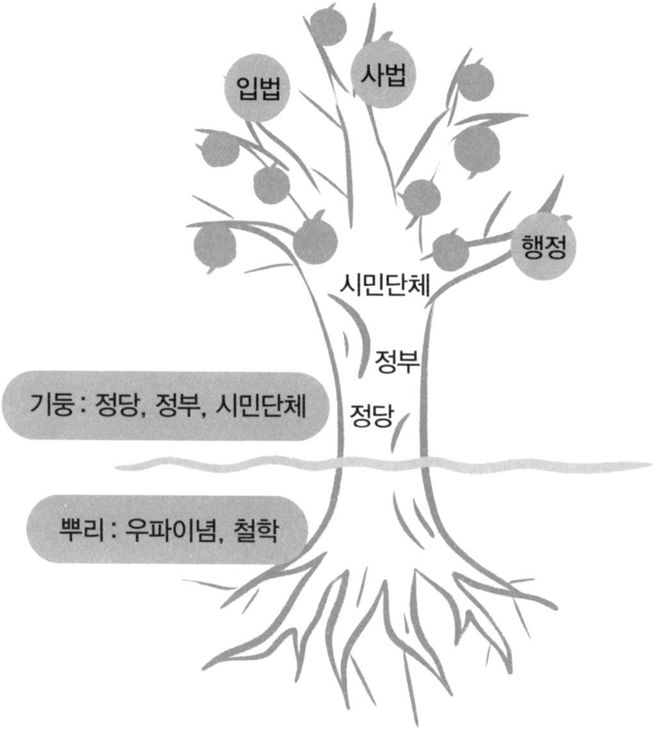

가 아니라 이 이념을 제대로 열매로 맺지 못한 기둥(정당, 정부, 시민단체 등)의 문제라는 것이다.

문제해결의 초점도 바로 여기에 있다. 나는 이러한 인식의 틀로서, 대한민국의 국가정체성을 다시 일으켜 세우는 방법을 통해 재집권전략을 제시하고자 한다.

❷

대한민국의 정치위기

전복된 대한민국 정치권

우리나라 국민들의 대부분은 자유민주주의를 좋아하지만 이것이 얼마나 심각하게 훼손되어 있는지 잘 모르고 있다. 자유민주주의를 무너뜨리려는 좌파세력(공산 · 사회주의세력)의 실상을 제대로 인식하지 않았기 때문이다.

나는 윤석열 정부가 등장한 후에도 누누이 정치 · 경제 · 사회 · 문화 · 교육 등 주요 진지들이 좌파세력에 의해서 장악당했고, 전복(顚覆 : 뒤집어진)된 상황이며, 사실상 적화된 상황이라고 진단했다.

제22대 총선 결과를 놓고 볼 때, 정치권의 전복상태는 더욱 심각해졌다. 진성 종북세력이 입법부를 완전 장악했기 때문이다. 앞으로 헌법, 법률, 조례 등 합법적 방법으로 자유민주주의체제를 인민민주주의체제로 교체하는 작업이 더욱 광범하게 일어날 것이다.

정치권의 전복현상이 어느 정도 심각해졌는지 살펴보자. 대한민국은 원래 자유민주주의체제인 우파의 나라이다. 그런데, 2024년 현재 자유민주주의를 지향하는 제도권 우파정당은 국민의힘뿐이고, 인민민주주의, 사회주의 등을 지향하는 좌파정당들이 우후죽순처럼 모습을 드러내고 있다. 진보당, 조국혁신당, 더불어민주당, 기본소득당, 노동당, 사회민주당, 열린민주당, 지역당연합, 소나무당, 녹색당, 정의당 등등. 의석수로 보더라도 우파정당은 국민의힘 108석(지역구 90석, 비례 18석)인데 반해, 좌파정당은 약 190석에 달한다. 더불어민주당 175석(지역구 161석, 비례 14석), 조국혁신당 12석, 진보당 3석, 기본소득당 1석 등이다.

더욱이 2014년 헌법재판소에 의해 해산당한 통합진보당 세력이 부활, 진보당 이름으로 재건해 원내로 진출(3석)했을 뿐 아니라 더불어민주당마저 장악했다는 평가가 많다. 따라서, 제22대 국회는 이전 2020년 구성된 제21대 국회보다 월등히 더 반체제 성향의 국회의원들이 많아졌기 때문에, 투쟁 강도도 월등히 높아질 것이다. 이에 반해, 자유민주주의를 지향하는 우파정당은 국민의힘뿐인데, 중도 중심 공천으로 체제전쟁에서 제대로 투쟁할 전사들이 보이지 않아 역사상 가장 약체팀으로 평가된다. 이렇게 비교가 되지 않을 팀을 가지고 체제전쟁을 치러야 하는 상황에 직면했다. 언제 이렇게 상황이 악화되었을까?

2011년만 해도 좌파정당은 민노당(통합진보당) 하나뿐이었다. 2014년 12월에는 통진당이 해산되기까지 했다. 어찌된 일인지 문재인정권 등장 후 불과 7년만에 '좌파정당 세상'으로 정치권이 급변한 것이다.

앞으로 대한민국의 주요 입법, 정책, 여론 등이 이들의 영향력 아래 놓여질 것이다. 잘못하면 이들이 주도하는 헌법개정, 윤석열 대통령 탄핵 등 비상사태로 진행될지 모른다.

무소속 당선자가 한 명도 없는 사상 초유의 총선

이번 총선의 가장 큰 특이점 중의 하나는 무소속 당선자가 한 명도 없다는 점이다. 역대 총선에서 이런 일은 없었다. 이것은 양 진영간 전투가 너무 치열했고, 한치의 양보도 없었다는 의미다. 원래 좌파진영은 노선을 보고 찍는 경향이 강했지만 우파진영은 당도 보지만 후보자 개인의 역량을 보고 찍는 경우도 상당했다. 그러나 이번은 달랐다. 우파 유권자들도 체제위기감을 느끼고 자신의 한표를 사표로 만들지 않기 위해 철저히 당을 보고 투표했다. 이는 우파진영이 체제위기 실상을 정확히 간파했다는 의미다.

국민의힘 후보로 공천을 받았던 대구 중남구 도태우 후보, 부산 수영구 장예찬 후보가 과거 발언으로 공천 취소를 당하자, 탈당해 무소속으로 출마했다. 이들은 개인적인 능력과 인기에도 불구하고 완패했다. 이것은 그 사람이 싫어서가 아니라 표를 무소속으로 빼앗겨서는 안되겠다는 위기감 때문이었다.

앞으로 있을 2026년 지방선거, 2027년 대선 때의 선거양상은 어떻게 될까? 양진영간 체제대결 양상이 더 치열해질까, 아니면 완화될까? 당연히 더욱 치열해질 것이다. 우파정당과 우파세력은 앞으로 있을 선거들이 더 심각한 체제대결로 치닫는다는 점을 명심하고 진영 이탈의 우를 범하지 않기를 바란다.

2장

우파의 총선패배 원인

우파정당의 총선 패배,

도대체 무엇이 문제였을까?

원인을 정확히 알아야 올바른 해결책이 나온다.

❶

국민의힘! 총선 패배의 원인을 잘못 짚고 있다

정부, 여당, 우파단체, 언론 등은 국민의힘의 총선패배 주요인이 "이념 과잉 때문"이라는 주장들을 많이 하고 있다. 과연 맞는 주장일까?

국민의힘이 이념과잉 때문에 졌다는데, 국민의힘이 자유민주주의 우파이념을 과다하게 주장했다는 말인가? 국민의힘은 이념과잉이 아니라 무이념이 문제다. 국민의힘은 당 수뇌부는 물론 국회의원들, 지방의원들은 물론 보좌관, 당료들까지도 이념과 사상을 잘 모른다. 좌파사상도 잘 모르고 우파사상도 잘 모른다.

좌파정당으로부터 "적폐청산", "극우세력" 등 이념과잉 공격을 받아도 꿀먹은 벙어리였다. 이념교육을 제대로 받은 바가 없기 때문이다. 오히려 철저히 이념, 사상을 배척해 왔다. 그러니 좌파세력의 공격에 대해 제대로 대응할 수가 없었다. 이념에 충실한 사람을 공천하지도 않았다. 국회에서 이념전쟁(사상전)이 벌어지고 있는데, 이념전쟁, 사상전을 치를 선수가 없는 형국이다.

이번 총선에서도 야당은 철저한 사상전을 전개했는데, 국민의힘은 야당의 사상전술을 제대로 이해하지도 못하고 제대로 대응하지도 못했다. 더불어민주당이 '윤석열 탄핵, 윤정권 심판론' 등 사상전을 치열하게 전개했는데, 국민의힘은 운동권 청산론 등 약간의 사상전을 펴다가 민생전으로 회귀하고 말았다. 대파론이 민생전인 줄 아는가? 대파론은 사상전이다. '윤석열 대통령은 대파의 가격도 모른다'며 몰아세운 '윤석열 심판론' 프레임전술이었다.

결국, 이번 국민의힘의 총선 패배는 이념 과잉이 아니라 이념 부족 때문이다. 철저히 공산 · 사회주의 전략전술(프레임전술, 선전선동 등)에 입각한 사상공세를 막지 못해 대패한 것이다. 한마디로 말하면 사상전의 패배 결과다.

좌파 노선의 야당진영이야말로 이념과잉세력이다. 진보당, 더불어민주당, 조국혁신당 등은 주체사상, 공산 · 사회주의 사상에 따라 대한민국을 바꾸려고 하는 철저한 이념과잉세력이다. 이번 총선 공천에서도 더불어민주당, 진보당 등 좌파정당들은 종북세력 등 사상적 투철성을 가진 사람들을 공천했다. 또한 더불어민주당은 진보당, 촛불투쟁세력 등 종북 좌파세력에게 비례대표 의석을 배분해 공동전선을 펴는 통일전선전술을 통해 완벽하게 승리했다.

❷

대통령실의 잘못된 원인분석과 대응

총선이 패배로 끝난 후, 대통령실도 멘붕이 온 것 같았다. 윤대통령이 4.19 이재명 대표에게 영수회담을 제안한 직후, "정치하는 대통령이 되겠다"고 한 발언을 했는데, 이를 두고 대통령실 관계자가 '윤대통령이 작년 각종 기념사 등에서 언급한 공산전체주의 등 이념과잉형 표현 등을 지양하겠다는 것'이라고 말했다.

윤석열 대통령은 지난해(2023) 6월 28일 자유총연맹 창립기념식에 가서 '반국가세력' 용어를 언급했고, 그 이후 8.15 광복절 행사 등 기회가 있을 때마다 "공산전체주의", "종북세력", "반국가세력"과의 체제전쟁 등 사상전을 강조했었다. 그렇게 하여 우파진영으로부터 열렬한 환영을 받았고, "윤석열 대통령은 우리 대통령이 맞다"는 고백까지 받았다.

그런데, 대통령실이 총선 패배감에 사로잡혀 이재명세력과 협치 운운하며 지난해 대통령이 했던 그 같은 발언을 다시 하지 않겠다고 한 것이다. 진성 종북세력이 대통령 강제 퇴진, 헌법개정 등을 통해 대한민국을 해체하겠다고 달려드는데, 이들과 전투하기는커녕 사상전을 하지 않겠다고 꼬리를 내린 것이다. 이는 대통령실 내에 사상투쟁을 거부하는 중도실용론자들이 대통령의 눈과 귀를 가리고 있기 때문이 아닐까 하는 생각이 든다.

③

국민의힘의 지지도 폭등과 폭락의 원인

: 이념·사상의 외면 한동훈의 이념공세 때 당지지율 폭등

국민의힘이 이번 총선에 진 것은 결코 이념과잉 때문이 아니다. 오히려 이념공세를 열심히 했을 때 지지율이 폭등했다.

한동훈 비대위원장이 가장 적극적으로 사상전을 전개한 것은 2월 말이었다. 한동훈 비대위원장은 2.22 비대위원회의 때 강한 사상전을 전개했다. 기자들 앞에서 이재명 대표를 향해서 "이번 총선에서 더불어민주당이 이 대표가 자기가 살기 위해 종북위헌정당세력인 통합진보당세력을 부활시키고 전통의 정당인 민주당을 통진당화하고 있다"고 비판했다.

한동훈 비대위원장은 22대 총선 캐치프레이즈로 "운동권 청산론"을 주창하며 총선을 사상전으로 이끌어 지지율을 끌어올렸는데, 한발 더 나아가 민주당을 통진당화했다고 비판의 날을 더욱 세운 것이다.

갑자기 왜 그랬을까? 사실 2월 22일 아침에 BJ톨 유튜버가 내가 쓴 소책자 『국민들 모르는 사이, 공산화로 가는 대한민국』(40쪽)을 출근하는 한동훈 비대위원장에게 전달했다. 당일 한동훈 비대위원장이 비대위원회 회의 때 그런 말을 속사포처럼 쏟아낸 것이다.

한동훈 비대위원장은 2월 26일, 28일에도 강력한 사상적 공세를 쏟아냈다. 그는 2월 26일 "이재명 대표의 더불어민주당은 명백히 통진당화되고 있다. 이것은 색깔론이 아니라 사실론이다", "국민들께서 우리를 지지하는 것은 우리가 잘하고 이뻐서가 아니다. 바로 이런 일을 막을 수 있는 유일한 세력이기 때문이다"라고 공세를 취했다.

이렇게 한동훈 비대위원장이 강력한 사상전을 전개하자, 국민의힘 지지도는 폭등했고, 민주당 지지도는 폭락하고 탈당 러시도 일어났다. 이때가 2월 4주차, 5주차였다. 당시 한 여론조사를 보면, 국민의힘(46.7%)이 민주당(39.1%)을 크게 앞섰고, 양당간 격차가 오차범위 밖으로 벌어졌다. 국민의힘이 1년 만에 가장 우세를 보인 시기가 바로 이때였다.

만약 이념과잉이 총선 패배의 원인이라면, 한동훈 비대위원장이 이재명 대표를 향해 '통진당세력을 부활시키고 민주당을 통진당화하고 있다'는 색깔론, 이념공세를 할 때, 당 지지율이 폭락했어야 했다. 그러나 현실은 전혀 반대였다.

국민의힘 지지율 하락의 계기

국민의힘의 지지율 고공행진이 언제 급락했을까? 3월 1주차였다.

국민의힘, 지지도 급락한 시점은 3월 이후

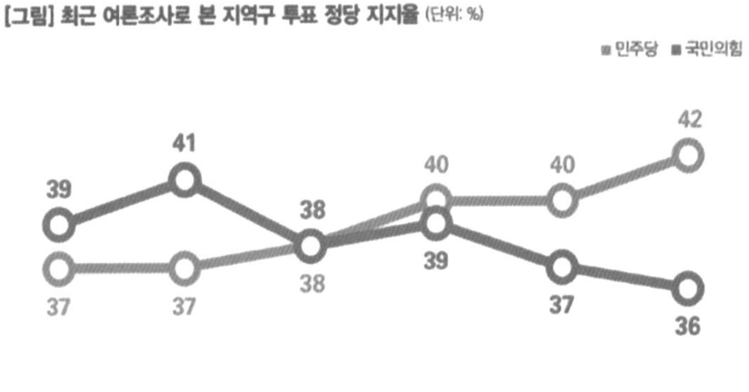

시사저널이 실시한 여론조사를 보면, 국민의힘 지지율이 가장 높았던 때는 2월 5주차(국민힘당 41%, 더불어민주당 37%)였는데,

3월 1주차에 추락했고, 3월 3주차에 한 번 더 추락했으며 3월 4주차에 또 그런 일이 일어났다.

3월 1주차에 지지율 폭락이 있었는데, 3월 4일은 이종섭 전 국방부장관이 호주대사로 임명된 날이다. 그때부터 더불어민주당과 좌파세력들은 호재를 만난 듯, 집중적으로 채상병 문제를 이슈화하며 이종섭을 호주대사로 임명한 윤석열 대통령을 공격했다. 언론들이 이를 대대적으로 보도했다. 이로써, 한동훈 위원장의 '운동권 심판론', '민주당의 통진당화' 등 사상공세는 힘을 잃고, 좌파세력의 공세가 윤석열 대통령으로 향하고 '윤석열정권 심판론'이

이종섭 대사 임명 후 1달간 집중공세

이종섭 대사 일정
- 3.4 임명,
- 3.10 출국
- 3.21 귀국
- 3.29 사의표명

민주당최고위원회의(3.11)

호주교민들, 대사관 앞 시위
(3.13, MBC뉴스)

민주당, 규탄성명 발표

국민들의 눈과 귀를 장악했다. 이로써, 국민의힘의 지지도가 폭락하고 더불어민주당의 지지도가 올라 동률을 이루었다.

그런 가운데, 3월 10일 이종섭 대사가 호주로 출국한 사실이 드러나자, 더불어민주당 등은 물론 전국의 좌파세력, 호주 시드니의 좌파세력까지도 윤석열정부를 규탄하는 시위를 벌였다. 이러한 야당과 좌파세력의 공세는 이종섭이 귀국하고 사퇴할 때까지 20여일 동안 지속되었다.

이로서 '정권심판론'이 총선정국을 뒤덮어 버렸다. 승리할 것이란 기대감에 충만해 있던 국민의힘과 우파세력은 패배의 공포감으로 역전되고 말았다. 좌파 야당이 공세를 편지 10여 일 만에 일어난 급변사태였다. 이러한 역전현상은 다름 아닌 사상전쟁의 역량 차이 때문이었다. 윤석열정부를 공격할 소재가 나타나자, 빈틈을 놓치지 않고 하이에나처럼 물고 늘어져 뒤집기 하는 더불어민주당 등 좌파진영의 압도적 역량과 이에 대한 방어능력이 절대적으로 부족한 국민의힘 등 우파진영의 전투력 차이를 여실히 드러낸 총선전투였다.

그러므로 국민의힘의 총선 패배는 사상전 능력을 보강해야 할 이유이지, 사상전을 하지 말아야 할 이유가 결코 아니다.

총선 판세의 분기점, 이종섭 사건

우파진영에서는 총선 패배를 놓고 이종섭 사태를 유발한 윤석열 대통령을 공격하는 경향이 있다. 물론 좌파의 정치공세를 예측하지 못한 것은 잘못이다. 그러나 모든 책임을 윤석열 대통령한테 돌리는 것이 잘못이다. 근본적 책임은 이종섭 사건을 총선전략으로 악용한 좌파세력에 있다. 좌파세력이 호재를 만나자, 하이에나떼처럼 달려들어 윤석열 정부를 물어뜯어 넘어뜨린 것이다.

좌파언론 오마이뉴스도 3월 15일자 기사에서 "실제 몇주간 하락을 했던 민주당이 이제 공천 파동이 마무리된데다 이종섭 전 국방부장관이 호주로 출국하면서 정권심판 여론의 불을 붙인 결과다"라고 보도했다.

만약 이종섭 사건이 일어나지 않았더라면 야당은 또다른 약점을 잡아 공세를 가해 똑같은 결과를 만들었을 것이다. 그래서, 이종섭 사건을 유발한 윤석열 대통령을 공격할 게 아니라 좌파의 전략전술을 철저히 이해하여 대응능력을 갖추는 것이 올바른 해답이다.

우파 이탈 러시 일으킨 도태우, 장예찬 사건

이종섭 사태로 국민의힘의 지지율이 폭락하는 가운데, 도태우, 장예찬 사건이 터졌다. 터졌다기보다는 좌파진영에서 공격할 소재를 찾아내 이슈화한 것이다. 국민의힘 지도부는 처음에는 공천을 유지하려 했으나 패배주의와 불안감이 엄습, 굴복했다. 좌파진영의 전략에 또 말려든 이 사태는 열심을 내던 우파유권자들의 마음에 찬물을 끼얹는 악영향을 끼쳤다. 악재에 악재가 덮친 격이었다.

도태우, 장예찬 후보에 대한 공천취소(3.17)는 우파 지지자들의 당에 대한 실망으로 나타났다. 우파지지자들은 "한동훈은 좌파 아니야? 우파선수들을 공천하지 않더니 도태우, 장예찬 마저 공천을 취소해? 나는 국민의힘을 지지할 이유가 없다. 나는 이번에 투표 안 할 거야!" 등의 반응을 보였다.

우파세력은 상당수 낙심해 총선 독려활동을 멈추고 자포자기하는 일이 일어났다. 우파정당, 우파논객들도 한동훈 비대위원장을 몰아세우기도 했다. 우파 내분사태가 일어난 것이다. 이런 연유로, 3월 3주차 국민의힘 지지도는 더욱 추락했다. 이러한 국민의힘 지지도 추락은 투표 불참으로 나타났다. 대구 경북지역에서도 투표율이 상당히 낮았다. 수도권 우파의 투표 불참은 박빙 승부에서 상당한 의석 손실로 나타났다고 본다. 상당히 뼈아픈 대목이다.

냉정하게 보건대, 한동훈 위원장이 이들을 공천 취소한 것은 잘한 일이 아니다. 그러나 완패할지 모른다는 공포분위기로 공천취소 요구가 빗발친 당내 현실을 감안할 때 안타깝기는 하지만 이해 못 할 일은 아니다.

우리는 여기서 안타까운 점을 지적하고 넘어가야 할 것 같다.

첫째, 도태우, 장예찬 후보는 당의 훌륭한 자산인데, 무소속 후보로 출마해 패배한 것은 심히 안타까운 일이다. 승복했으면 더욱 좋지 않았을까? 우파진영 주요인사들이 도태우, 장예찬 무소속 출마를 부추긴 것은 사태를 악화시킨 요인이다.

둘째, 일부 우파정당들과 논객들의 지나친 한동훈 때리기다. 이러한 전쟁 지휘관에 대한 융단폭격은 우파진지를 파괴하는 자해적 결과를 낳았다. 이의 영향을 받은 많은 우파유권자들이 "한동훈은 좌파다"라며 공격했고, 낙심한 나머지 유권자 전도활동을 포기하고 나아가 투표불참운동으로 이어졌다. 나도 당시 우파유권자들로부터 "한동훈이 우파 맞느냐?"라는 질문을 수없이 받았고,"여 · 야가 다 똑같다"며 투표 안하겠다고 발언하는 사람들을 제법 보았다. 우파지도자들이 감정에 휘둘린 나머지 사태를 그르친 사례다.

셋째, 우파유권자들도 감정이 격앙되어 내분, 투표 불참 등 행동으로 총선 결과에 악영향을 주었다. 앞으로 우파유권자들이 행동하기에 앞서, 나의 행동이 전체에 어떤 영향을 미칠지 냉정하게 판단하고 이성적으로 행동했으면 한다.

국민의힘 지지율 추락 마침표는 윤대통령 의대정원 고수 발표

국민의힘의 지지도를 마지막으로 더 추락시킨 것은 3월 4째주였다. 총선 14일 전인 3.27 실시한 윤석열 대통령의 의대정원 관련 기자회견 때문이었다.

윤석열 대통령의 발언 요지는 '2,000명 정원은 정부가 합리적 근거를 가지고 결정한 것이므로 유지하지만, 의료계에서 별도방안을 제시하면 협상할 수 있다'는 것이었다. 그러나 실무부처인 박민수 보건복지부 2차관은 브리핑에서 "2천명 증원이라는 확고한 생각에 변화가 없다"라고 잘라 말했다. 그러니 '2,000명 고수'가 대통령의 입장이다'라고 알려진 것이다. 이를 근거로 좌파세력은 '윤대통령 불통' 이미지를 확산했다. 이로써 국민의힘 지지율은 또다시 하락했다.

KBS는 윤석열 대통령 의대정원 기자회견 발표 이후 한국리서

치에 의뢰해 5천명을 대상으로 전화면접조사를 실시했다. "내일 투표한다면 어느 정당 지역구 후보를 찍을 것인가?"라는 질문에 더불어민주당 40%, 국민의힘 33%로 나타났다. 참패가 분명해 보였다.

나는 대통령이 의대정원 2,000명 증원 문제를 들고 나왔을 때부터 상당히 우려했다. 과거 1990년대 의약분업 때 약사들이 치열하게 투쟁하는 것을 보았고, 직업적 이익과 관련된 갈등은 쉽사리 봉합되지 않는다는 점을 경험했기 때문이다.

윤석열 대통령이 국가 미래를 위해 정치적 유불리를 따지지 않고 추진하겠다고 했다. 이를 국가를 위한 충정으로 이해하지만 2016년 탄핵 전 박근혜 대통령이 머리에 떠올랐다. 박근혜 대통령은 정권 말기임에도 연금 고갈 등 대한민국의 미래를 걱정하며 정치적 유불리를 따지지 않고 공무원연금개혁을 추진했는데, 많은 공무원들이 박대통령으로부터 등을 돌렸고, 고립무원 상태에 빠진 것이 생각났다. 미래의 일이 아무리 중요해도 지금 천길 낭떠러지에 떨어져 죽는 것을 막는 것보다 중요한가?

실제 의대정원 증원이 필요하다고 하더라도 대한민국 운명을 좌지우지할 총선을 앞두고 할 일인가 싶었다. 설사 공포를 했더라도 얼마든지 총선 전 융통성 있는 발언이 가능하지 않았을까? 그

민감한 시기에, 대통령에게 2,000명 증원을 제안하고 고수하도록 한 실무자가 누군지 참으로 궁금하고 의심스럽다.

4

우파의 총선 패배의 결정적 요인

우파세력이 잘 빠지는 오류는 바로 사상을 고려하지 않고 사태를 분석하는 습관이다. 반대로 좌파세력은 모든 현상을 사상이라는 안경을 통해 인식하고 분석하고 대책을 강구한다. 민노총이든 전교조든, 진보당이든 더불어민주당이든, 선거든 평시든, 책을 쓰든 말을 하든, 정치 · 경제 등 어떤 주제든, 모두 사상적 용어, 언어로 표현하고 사상적 전략전술에 따라 행동한다. 그래서 일사분란한 전투행동이 가능한 것이다.

그리고 '악마는 디테일에 숨어 있다'는 말이 있듯이, 좌파들이야말로 디테일에 숨어 있다. 좌파세력이 사용하는 디테일한 용어,

논리, 전략전술을 이해하지 못하면 속수무책으로 당할 수밖에 없다. 상식적으로 이해하고 대응하면 백전백패다.

〈1〉 좌파의 프레임전과 여론선전선동전에 압도당한 때문

4.10총선이 끝난 후, 왜 우파가 대패했느냐를 두고 다양한 분석들이 있다. '중도를 못 잡아서 그렇다', '부정선거 때문이다' 등이다. 각기 일리가 있지만 그러한 일부의 요소들에 집착하면 큰 틀이 보이지 않는다.

선거는 어느 당이 유권자를 더 많이 우군으로 만드느냐의 게임이다. 좌파정당들은 이를 위해 다양한 전략전술을 연구하고 실행하는 실전연습을 해왔다.

더불어민주당은 선거 때마다 필독하는 책이 있다. 미국 버클리대 조지 레이코프 교수가 쓴 "코끼리를 생각하지마"라는 책이다. 대중들의 심리를 잘 간파해 만든 좌파 성향 정치전략 서적이다. "코끼리를 생각하지마"라는 말을 듣는 순간, 오히려 코끼리 모습이 떠오른다는 것이다. 이러한 인간의 인지현상을 정치선전을 위한 정치프레임에 활용하는 것이다.

이 이론의 핵심은 특정 정치프레임을 만들어 대중들의 머릿속으로 먼저 집어넣는 자가 승리한다는 것이다. 대중들은 먼저 들어온 프레임에 따라 세상을 보기 때문이다. 상대편이 그 프레임에서 벗어나려고 대응하면 할수록 그 프레임에 더 꽁꽁 묶인다는 것이다. 그래서, 상대의 프레임 공격에 대해 대응할 자신이 없으면, 회피하는 것이 상책이다. 오히려 우파에게 유리하고 좌파에게 불리한 역프레임을 만들어 역공세를 취하는 것이 훨씬 더 효과적이다. 그런데, 우파들은 프레임전의 성질을 모르고 좌파의 프레임전 공세에 계속 변명하는데, 그러면 그럴수록 대중들에게 그 프레임을 각인시키는 역효과가 있다. 우파는 좌파가 먼저 던진 프레임에 말려들어 허우적거리고, 벗어나지 못해 결국 큰 피해를 당한다는 것이다.

이번 총선에서 더불어민주당 등 좌파진영이 승리한 것은 프레임전 덕분이었다. 우파가 패배한 것은 프레임전에서 패배했기 때문이다. 총선 때 좌파진영이 만든 프레임은 "윤석열정권 심판론"인데, 심판의 프레임은 채상병(이종섭), 대파론(윤석열), 명품백(김건희) 등이다. 좌파정당, 좌파언론 등이 이를 이슈화하여 국민들의 머리를 선점했다.

이에 국민의힘, 대통령실 등은 벗어나려고 해명을 했고, 우파 유튜버들은 이 해명논리를 대중 속으로 널리 널리 전파했다. 이렇게 우파들이 해명논리를 전파하면 할수록 대중들에게 '윤석열 심판론' 프레임을 각인시키는 역효과를 낳는다는 점이다. 선거 내내 우파들조차도 모임마다 좌파들이 던진 이종섭사건, 김건희사건 등 윤석열 비판소재를 대화의 소재로 삼았다. 이렇듯 좌파들이 어떤 음모 프레임을 던지기만 해도 우파들이 논쟁하며 국민들 머릿속에 그 프레임(그물)을 깊이 심어준 것이다. 총선 당일 국민들이 투표장을 향할 때, 각자 머릿속에 떠오른 이미지는 대파, 채상병 등 "윤석열 심판 관련 이미지"이었다. 결국, 국민의힘을 찍으려던 사람들은 실망해 투표장에 가지 않고, 더불어민주당 지지자들은 더욱 신이나 투표장에 몰려간 것이다.

총선 직후 실시한 여론조사들에 따르면, 국민의힘의 총선 패배의 책임이 누구에게 있느냐고 하니, 50-60% 윤석열 대통령에게 있다는 응답이 나왔다. 이는 선거 때 윤석열 대통령을 타켓으로 한 야당의 프레임전술이 국민들의 뇌를 완전히 장악해 효과를 거두었음을 의미하는 것이다.

이렇듯 좌파진영은 프레임전의 특성을 잘 이해하고 효과적으로 우파를 공략했고, 좌파정당, 좌파언론, 좌파시민단체, 좌파유권자 등이 혼연일체가 되어 승리를 거둔 것이다.

이에 반해 우파진영은 좌파의 프레임전에 혼비백산하여 윤석열 대통령과 한동훈 비대위원장을 공격하는 등 자중지란을 일으켜 스스로 무너지는 일을 자초한 것이다. 이제 정부, 당, 민간우파세력도 프레임전에 대한 공부를 해야 한다.

〈2〉 좌파총선전략을 경시하며 방심한데 기인

나는 총선 전 6개월 전부터 『국민들 모르는 사이, 공산화로 가는 대한민국』 소책자 배포운동을 전개하면서 야권총선전략을 관찰해야 한다고 강조했었다.

야권의 총선전략은 모든 좌파정당들을 연대연합하는 것이었다. 이미 2012년 총선에서도 통진당과 민주당이 야권연대전술(반보수대연합)을 펴 성과를 거둔 사례가 있다. 이번 총선에서도 야권연대전술을 다시 펼 것으로 예상했었다.

야권은 2023년 11월부터 2024년 3월까지 서서히 '학익진' 같은 연대연합전술의 전모를 드러냈다. 학익진(鶴翼陣)이란 이순신 장군이 임진왜란 때 한산도대첩 때 썼던 전법인데, 학의 양날개처럼 전선들을 배치하여 왜선들을 포위 공격해 궤멸시킨 점이다. 2023년 11월 3일 조국이 총선전략으로 '학익진' 전법을 제시했는데, 실제로 서서히 더불어민주당을 중심으로 각종 좌파정당들이 학의 양날개처럼 전선을 구축하고 윤석열 대통령을 포위 공격했다.

나는 야권 좌파정당들이 '학익진'처럼 전선을 구축하는 것을 보면서 누누이 경고했다. "이번 야권의 총선전략을 보면 단순히 총선 승리에만 있지 않다. 총선 이후 윤석열 대통령을 끌어내리는데 포커스가 있다."고 강조했다. 그러면서 야권의 총선전략의 의도와 위험성을 국민들에게 널리 알려야 한다고 누누이 말했다. 그러나 당시 우파국민들은 대체로 '잘 될 거야. 여론조사 결과도 좋고, 한동훈 비대위원장의 인기도 좋고…'라며 방심하는 경우가 많았다. 그러다 총선 한 달여를 앞두고 전세가 일거에 역전되고 말았다.

총선 패배의 근본 원인은 무엇인가? 첫째는 대한민국의 정치·여론주도권을 장악한 좌파세력의 뛰어난 정치공세, 사상공세 능력이다. 둘째는 좌파세력에 대항해야 할 우파정당, 우파단체, 우파국민들이 적의 역량과 전략전술에 대해 무지하고 대응능력이 부족하다는 것이다.

종북세력의 야권 주도권 장악

이번 총선에서 야권진영의 가장 큰 특징은 진성 종북세력의 정치주도권 장악이다. 진성 종북세력이란 종북세력 중의 종북세력, 한총련-경기동부연합 등 북한과 연계된 혁명적 종북세력을 말한다. 구 통진당세력이 대표적이다. 이러한 진짜 위험한 진성종북세력이 정치권을 완전히 장악했다는 사실이다.

첫째, 통진당 후신인 진보당이 완벽히 부활했다는 점이다. 이러한 진보당 부활에는 더불어민주당이 큰 역할을 했다. 진보당이 처음으로 제도권 정당인 된 것은 민주당 도움 때문이다. 2023년 4월 전주을 보궐선거에서 진보당 강성희 후보가 국회의원으로 당선되었는데, 민주당 후보가 불출마해주었기 때문이다. 이번 총선에서도 진보당이 3명의 국회의원을 당선시켰는데, 이것도 민주당의 절대적 지원 덕분이었다. 지역구 1명(울산 북구)도 더불어민주당과의 단일화 노력 덕분이었으며, 비례대표 2명도 더불어민주당이 비례연합정당(더불어민주연합)에서 앞 순번으로 배정해주었기 때문이다.

둘째, 진성 종북세력이 더불어민주당마저 장악했다는 사실이다. 2020년 총선에서는 1980년대 주사파 전대협세력이 더불어민주당의 주도권을 장악했다면, 이번 총선을 거치면서 1990년대 주사파 한총련세력-경기동부연합(이석기세력)을 중심으로 한 지하혁명세력이 더불어민주당의 주도권을 장악했다. 앞의 운동권세력을 친문세력이라고 하면 뒤의 운동권세력을 친명세력이라고 할 수 있다. 앞의 전대협 주사파세력을 자생 종북세력이라고 한다면 뒤의 한총련-경기동부연합 주사파세력을 간첩종북세력이라고 불린다. 그간 오랫동안 북한의 대남공작기관과 깊이 연계하여 대남공작을 수행했기 때문이다. 일심회간첩단, 왕재산간첩단, 충북동지회간첩단 등과 연루된 바 있다.

좌파정당들, '학익진' 연대연합전술 펴다

총선을 앞두고 많은 좌파정당들이 우후죽순처럼 등장했다. 조국혁신당, 송영길의 소나무당, 그리고 기본소득당, 열린민주당, 사회민주당이 총선용으로 만든 새진보연합, 촛불광장세력이 만든 연합정치시민회의, 녹색당과 정의당이 합당한 녹색정의당, 이낙연 등의 새로운미래 등이 대표적이다.

이들 좌파정당들은 마치 준비된 각본처럼 연대연합과정을 거쳐 학익진(鶴翼陣) 모양의 전선체를 구축하였다. 더불어민주당을 중심으로 하여 한쪽 날개에는 진보당, 새진보연합(기본소득당, 열린민주당, 사회민주당), 연합정치시민회의(촛불광장투쟁세력) 등이 있고, 다른 쪽 날개에는 조국혁신당, 송영길의 소나무당, 녹색정의당, 이낙연 등의 새로운미래 등을 포진한 것이었다.

이러한 좌파정당들은 노선상 차이가 있음에도 그물망을 펴서 물고기를 잡은 것처럼 '단일대오'의 연합전선을 구축했다. 그들의 공통목표는 윤석열 대통령 공격이었다. 야권의 총선전략은 윤석열정권 심판론이고 총선 이후 전개될 투쟁방향은 윤석열 대통령 끌어내리기다.

우파세력은 더불어민주당 내 친문세력과 친명세력간 갈등, 친문세력의 당 이탈 현상에 대해 "좌파세력의 자충수" 운운하며 즐

졌다. 그러나 좌파의 분열상은 내분이 아니라 작전상 전선 재배치한 것이라는 점을 몰랐던 것이다. 전선 재배치가 끝나자 바로 윤석열 정권을 집중공격하여 괴멸시킨 것이다.

2024년 야권 총선전략 알려면 2012년 야권총선전략 알아야

나는 오랫동안 2012년 야권총선전략을 주목하라고 강조했다. 북한과 종북세력은 오래전부터 2012년 종북정권을 창출하겠다고 선언했었다. 그런데, 실제 그런 사태가 일어날 뻔한 현실을 보고 큰 충격을 받았다. 나는 2012년 4월 총선, 12월 대선 때 식은땀이 흐를 정도로 위험함을 느꼈다. 국민들은 아무일이 없었던 것으로 생각했지만 나는 북한과 연계된 통진당세력의 위험성을 알고 있었기 때문이다.

왕재산감첩단에 내린 북한의 지령도 있었고, 통진당(이석기세력)은 2012년 4월 총선을 앞두고 민주당과 야권연대를 결성했다. 야권연대란 통합진보당과 민주당이 단일정당으로 통합하지는 않았지만, 지역구에서 후보를 단일화하여 승리를 거두자는 방안이었다.

이로 인해, 통진당은 민주당의 대폭 양보로 국회의원 13석을 차지했고, 국민 지지율 10.3%, 220만표를 득표했다. 두 당은 야권연대체제를 12월 대선 때까지 이어가, 통진당과 민주당 공동정권을 수립하기로 한 것이다. 총선 직후인 5월 통진당 비례대표 부정투표사건이 터지지 않았더라면 12월 대선에서 박근혜 후보를 누르고 압승, 이석기와 문재인의 공동정권(종북정권)이 등장할 뻔했다. 정말 아찔한 순간이었다.

통진당 입장에서 보면, 종북정권을 만들 수 있는 절호의 찬스를 놓친 안타까운 일이었다. 더욱이 통진당은 다음해인 2013년 5월 이석기의 RO사건이 터져 이석기가 구속되고, 이 사건으로 인해 2014년 12월 통진당이 헌법재판소에 의해 위헌정당으로 해산되는 사태까지 벌어졌다. 통진당 입장에서 보면 불행이 겹친 일이었다.

당시 국민들은 이석기가 구속되고 통진당이 해산되는 것을 보며, '종북세력은 끝났구나'라고 오판했다. 그러나 이석기 등 통진당세력은 죽지 않았다. 이들은 성남시장 이재명의 도움으로 부활하기 시작했다. 이들은 문재인정권기에 통진당 후신으로 진보당을 재건했으며, 이재명과 함께 더불어민주당으로 대거 들어가 당의 주도권을 장악하기에 이르렀다.

그러니까 2012년 총선, 대선을 통해 종북정권을 창출하려고 했던 통진당세력이 야권의 주도권을 장악해 총선전략을 수립하고 있었다. 그래서, 나는 이번 총선에서 좌파진영이 종북정권을 창출하기 위해 2012년 통진당과 민주당 야권연대방안을 부활시킬 것으로 보았던 것이다.

좌파의 이번 총선전략은 2012년 총선전략의 확장판

이번 야권의 총선전략도 기본적으로는 2012년 총선전략의 확장판이었다. 2012년 총선 때 야권의 총선전략은 통진당과 민주당의 야권연대였는데, 이번 야권의 총선전략은 야권연대를 더욱 발전시킨 야권연대연합이었다. 2012년에 비해 훨씬 더 양적, 질적으로 진화한 모습이었다.

첫째, 2012년 총선 야권연대에서는 통진당과 민주당이 연대만 했지 같은 당으로 연합하지는 않았는데, 이번에는 진보당이 민주당과 동일한 비례정당 안으로 들어와 총선을 치렀다는 점이다.

둘째, 2012년에는 진성종북세력이 통진당 안에만 있었는데, 이번에는 진보당과 함께 더불어민주당도 장악했다는 점이다. 더불어민주당이 통진당화한 것이다. 그만큼 대한민국의 야권정치진영이 종북화되었음을 의미한다.

2012년과 2024년 총선전략의 공통점은 무엇인가? 야권정당들이 연대연합을 통해 총선 승리를 이루고, 나아가 대선에서 종북정권을 창출하는데 있었다는 점이다. 이것은 2001년 9월 주사파들이 북한의 지령에 따라 개최한 "군자산의 약속"에서 계획한 프로그램에 따른 것이다.

3장

재집권전략

많은 국민들은 대한민국이 직면한 위기를 과연 극복할 수 있을까 걱정한다. 그러나 '위기가 깊기 때문에 오히려 가능하다'고 말하고 싶다. 국민들이 위기라는 것을 다수가 알면 위기를 돌파할 수 있다. 다만 막연한 희망만으로는 안된다. 위기의 실체를 알고 정확한 대응방법을 강구할 때, 가능하다는 것이다.

❶

근본적 처방전 :
프레임전 이해하기

어떻게 국민들의 절대 다수를 우군으로 만들 수 있을까?

다수제 선거경쟁에서 정당들이 적극 지지층이 아닌 부동층 유권자들을 표적으로 삼는 것은 불가피하다. 이를 위해 다양한 정책도 개발하고 극단적 발언도 자제하는 것이다. 그래서 정당들이 온건한 정책을 발표하고 좋은 이미지를 주기 위해 거짓 선전선동도 하는 것이다. 그래서 국민의힘은 항상 선거 때만 되면 중도층, 부동층의 표심을 얻으려 우파들을 외면하는 행태를 해왔다.

선심성 정책(포퓰리즘)을 펴는 것이 유권자를 모으는데 더 유리할까, 아니면 이 정당을 찍어야 할 정당성, 당위성을 전파하는 것이 더 유리할까? 실리적 당근보다 더 중요한 것은 그 정당을 지지해야 할 명분과 논리를 전파하는 것이 월등히 유리하고 효과도 장기적이다. 사람은 아무리 사탕발림 정책을 내세워도 대한민국을 패망시키는 것을 알고는 그 정당에 표를 던질 수 없는 것이다.

진보-보수 프레임, 나라를 이 위기에 빠트렸다

국민여론조사를 해보면, 절대다수가 자유민주주의체제를 좋아하고 북한과 같은 공산 · 사회주의체제를 싫어한다. 그런데, 정치현실은 딴판이다. 이번 총선에서도 드러났지만 국민의힘을 제외하고 대부분 정당들이 공산 · 사회주의, 종북세력 등 좌파세력이 주도하는 정치그룹 속에 들어가 있다. 왜 국민들은 자유민주주의를 좋아한다면서도 자유민주주의를 파괴하는 정치그룹을 지지하고 표를 던지는 것일까?

양의 탈을 쓴 종북 좌파세력의 대중사기술에 속은 탓이다. 이들은 진보세력, 민주세력, 평화세력, 통일세력 등 온갖 미사여구로 자신들을 포장하는데, 대중들이 순진하게 이들의 선전술을 사실로 믿고 사기를 당한 것이다.

주사파 등 좌파세력은 스스로 공산 · 사회주의세력이라고 부르지 않고 '진보세력, 민주세력'이라고 불러 대중들에게 '좋은 세력' 이라는 이미지를 부각했고, 우파세력에게는 자유민주주의세력이라고 불러주지 않고 보수세력, 수구꼴통 등으로 불러 '나쁜 세력' 이미지를 계속 퍼트린 탓이다. 전교조를 통해 어린 학생들의 머리 속에 그 프레임을 삽입했고, 언론을 통해 일반 국민들의 머리 속에 그러한 프레임을 삽입해왔다. 이러한 좌파프레임이 널리 확산된 결과, 오늘날 대한민국의 체제위기가 이토록 심각해진 것이다.

좌파의 프레임 중 가장 최악의 악영향을 미친 프레임이 바로 진보세력-보수세력 프레임이다. 이 프레임 하나로 인해, 체제전쟁에서 우파가 계속 패배를 당했고, 결국 대한민국의 자유민주주의체제가 파멸의 길로 치닫고 있는 것이다.

대세-반대세 프레임, 전세를 역전시킬 수 있다

좌파세력에게 장악당한 현 정세를 역전시킬 수 있는 비법이 있다. 국민들 모두가 진보-보수 프레임 대신 대세-반대세 프레임을 널리 사용하면 되는 것이다.

대세-반대세는 어떤 개념일까? 대한민국을 긍정하냐 부정하냐를 기준으로 사상을 정하는 개념이다. 대세는 대한민국세력의 약칭이며, 대한민국을 긍정하는 세력을 말한다. 반대세는 반대한민국세력의 약칭이며, 대한민국을 부정하는 세력을 말한다. 반대세에는 종북세력, 주사파, 좌익=공산 · 사회주의세력 등이 속한다.

우리 국민들에게 자신이 대세(대한민국 긍정세력)인지, 반대세(대한민국 부정세력)인지 물어보면 아마 대다수는 대세라고 대답할 것이다. 이 프레임으로 국민들의 사상을 나누면 반대세는 순식간에 소수로 고립될 것이고, 다수의 대세들이 바로 종북 좌파텐트에서 이탈할 것이다.

첫째, 진보-보수 프레임 사용 안하기와 대세-반대세 프레임 사용하기다.

이것이 대한민국 국가위기를 일거에 역전시키는 비법이다. 진보세력-보수세력 등 좌파세력에게 절대 유리한 프레임을 폐기처분하고 대한민국세력에게 절대 유리한 대한민국세력-반대한민국세력 프레임으로 전환하는 것이다. 이 운동만 꾸준히 전개한다면 국민들의 상당수는 좌파들의 프레임(그물)에서 벗어나 정상적인 의식으로 돌아오는 기적이 일어날 것이다.

대세-반대세 프레임 전파만으로도 그런 효과가 있는 이유는 뭘까? 국민들이 "대세-반대세가 뭐냐?"라고 물을 때, 자연스럽게 '진보-보수 프레임'을 쓰면 안 되는 이유를 설명하게 된다. '진보-보수 프레임은 좌익세력이 만든 것인데, 진보세력이란 공산 · 사회주의세력을 말하는 거야'라고 말한다. 국민 모두가 "진보세력=공산·사회주의세력"이란 사실을 깨닫는 순간, 진보그룹에서 이탈, 대한민국세력 그룹으로 돌아오는 것이다.

진보당에 대한 지지율 폭락 현상에서도 알 수 있다. 2012년 4월 총선 때 국민들은 통합진보당(당권파 이석기 경기동부연합)이 좋은 정당인 줄 알고 10.3%나 지지했다. 그러나 총선 직후인 5월 통진당 내분사태로 인해 통합진보당이 일심회간첩사건, 왕재산간첩사건 등과 연계된 종북정당임이 드러나자 순식간에 2-3%로 지지율이 폭락했다.

이번 총선과정에서도 일부 나타난 바 있다. 더불어민주당의 통진당화, 친명개딸당화에 불만을 품고 일부 당원들이 집단 탈당한 일이 일어난 데서도 알 수 있다. 좌파정당 속에 있는 대한민국세력이 이탈하도록 하려면 그 정당의 주도세력이 반대세라는 사실을 깨닫게 하면 될 것이다. 우파진영이 혼연일체가 되어 대세-반대세 프레임 사용운동을 전개하도록 하자. 그러면 현재의 전복된 상황을 역전시킬 수 있다. 대한민국 국민의 다수가 자유민주주의를 좋아하고 90% 이상이 주한미군, 한미동맹이 필요하다고 보고 있다. 북한과 중국 공산주의를 싫어하는 비율이 매우 높다. 그렇게 자유민주주의 대한민국 우호세력이 많은 것을 활용하는 것이다. 이러한 유리한 여건을 가지고 있는데도 국민의힘이 사상전 능력이 뒤떨어지기 때문에 계속 밀리는 것이다. 넓은 대세국민들의 각성운동을 제대로 전개하기만 하면 역전시킬 수 있다.

❷ 지피(知彼)의 중요성 : 적을 모르면 백전백패

앞에서는 국가적 위기를 극복할 전략을 언급했고, 지금부터는 구체적인 행동방향을 살펴볼 것이다.

〈1〉 북한의 대남공작과 총선개입

북한은 역대 총선, 대선 등 선거개입 공작을 멈춘 적이 없다. 2012년 총선, 대선 때도 왕재산간첩단이 개입해 총선전략을 지령한 바 있고, 2022년 대선을 앞두고도 충북동지회 간첩단이 북한과 이재명 지지문제를 놓고 논의한 바가 있다. 지난 22대 총선전에도 북한의 개입이 전방위적으로 일어난 것으로 보인다. 총선 1년 전인 2023년 5월초 한 정보관계자가 '북한의 총선 개입지령'을 공개했는데, "국민의힘을 대통령의 사당(私黨)으로 묘사하고 특히 안철수계, 이준석계 등 비윤계 의원들에 대한 공천대학살 가능성을 언급하며, 결국 새로운 창당 수순으로 갈 것" 등을 선동했다는 것이다. 그러니까 윤대통령에 대한 '국정심판론'을 자극하면서 "보수신당 창당론", "제3신당론" 등 국민의힘 내분을 조장하고 분당하도록 정치공작을 하라는 지령이다. 이 공작지령은 사실 성공을 거두었다.

북한은 끊임없이 "대통령 모략", "정권심판론" 등 윤 대통령을 폄훼하는 여론을 확산했는데, 총선을 8일 앞둔 4.2 통일부도 북한정권이 노동신문, 조선중앙통신 등을 통해 "총선을 정권 심판의 날로 규정하고 반정부 여론 확산을 시도하고 있다"라고 비판 성명을 발표했다. 이번 총선 때 야당이 압승한 프레임은 바로 "정권심판론"인데, 그 개발자가 바로 북한공작기관임을 말해주는 것이다.

〈2〉 이석기 경기동부연합 알아야 현재 정치권 이해 가능

'군자산의 약속'에서 선포한 꿈, 이석기가 이룰 뻔

제22대 총선을 기점으로 대한민국 정치권은 종북세력(이석기 경기동부연합 중심 통진당세력)에 완전히 장악당한 상태에 돌입했다. 현 상태가 얼마나 위험한지를 알려면 그 과정을 반드시 알아야 한다.

현 사태를 만든 장본인은 바로 북한 공작기관이다. 시발은 김대중 정부 때인 2001년이다. 북한은 김대중정부가 등장한 후 합법적 방법으로 적화할 수 있는 상태가 되었다고 판단했다. 그래서 2001년 3월 남한 종북세력에게 지령을 내렸는데, "민노당을 장악하라('민노당을 통일전선적 정당으로 발전시키라')"였다. 북한의 지령을 받은 종북세력은 이에 대한 전략을 수립하기 위해 2001년 9월 충북 괴산군 군자산에 있는 한 수련원에 모여 전략회의를 했다. 이름하여 "군자산의 약속"이라고 부른다. 협의된 내용의 핵심은 3가지다. ▷(종북세력이 민노당으로 들어가) 3년 안에 당권을 장악한다. ▷10년 안에 정권을 잡는다.(즉, 2012년 대선에서 종북정권 창출한다), ▷그리고 북한과 연방제 통일(적화통일)을 이룬다.

이런 약속에 따라, 종북세력들이 행동개시에 들어갔다. 2001년 12월부터 민노당 내로 대거 진입해 들어갔고, 계획한대로 정확히 3년 만에 당권을 장악했다. 민노당을 만든 PD계열은 당세를 좀 넓혀볼까 해서 종북세력을 받아들였는데, 3년만에 당권을 빼앗기고 말았다.

북한의 공작기관은 한술 더 떠서 가장 신뢰하는 이석기 경기동부연합으로 당권을 잡도록 하는 공작에 돌입했다. 그게 일심회간첩단이다. 북한은 일심회를 통해 민노당 간부들을 포섭해 주요 정보를 빼내고 이를 토대로 공작을 해 이석기 경기동부연합이 당 요직을 장악하는데 성공했다. 그때가 2006년 1월이다. 이후 이석기 경기동부연합은 북한의 지령에 따라 민노당을 통합진보당으로 개편했다. 그 때가 2011년 12월 13일이다. 이는 민주당과 선거연대를 이루기 위한 준비작업이었는데, 민주당과 연대해야 2012년 대선에서 종북정권을 창출할 수 있다는 판단에 따른 것이었다.

한편 한명숙 대표가 이끄는 민주당도 통진당과 선거연대를 이루기 위한 오랜 준비작업을 했는데, 1년 반이 소요되었다. 그 작업의 핵심은 통진당과 선거연대를 찬성하는 재야세력을 당으로 넣고, 반대하는 당내 세력을 제거하는 과정이었다. 이를 위해 만든 것이 문성근의 백만민란운동이며, 이를 통해 모은 20만명을 기반으로 만든 정당이 바로 문재인 주도의 시민통합당이다. 이렇게 만든 시민통합당(40% 지분)과 통합민주당(60% 지분)이 통합해 만든 것이 바로 민주통합당이다. 이렇게 만든 민주통합당이 통합진보당과의 선거연대를 이루어 진보당의 총선승리를 뒷받침한 것이다.

이렇게 만들어진 이석기의 통합진보당은 민주통합당을 견인하여 야권연대를 이루고, 대선에서 종북정권을 창출하기 위해 진행했다. 만약 이 꿈이 실현된다면 2001년 군자산의 약속에서 '종북정권 창출 꿈'이 현실로 나타나는 것이었다. 그들이 종북정권 창출을 이루겠다는 꿈은 통진당 단독으로 이루겠다는 것이 아니고, 민주당을 끌어들여 이룬다는 전략이었다.

드디어, 총선을 앞둔 1달 전 2012년 3월 국회식당에서 조촐하게 야권연대 결성식을 개최했다. 백낙청 등 종북좌파세력의 원로들이 다 모였다. 그리고 총선에 임했는데, 민주당의 대폭 양보로 통합진보당이 큰 성과를 거두었다. 이석기 등 13명의 국회의원을 배출하고 국민지지율 10.3%, 220만표를 득표했다. 통합진보당이 국민들에게 새로운 정당으로 인기를 끌고 큰 호응을 받은 것이었다. 이제 10.3%의 통진당과 기존의 민주당이 연합한다면 12월 대선에서 승리하는 것은 분명해 보였다. 2001년 '군자산의 약속'이 드디어 이루어질 날이 멀지 않았다. 2012년 김일성이 태어난 100돌 되는 해, 김일성의 한평생 소원이었던 한반도 적화통일의 꿈이 드디어 현실이 될 것 같았다.

호사다마라고 할까? 총선 직후 5월달 통진당 내분사태가 발생했다. 통진당 내 PD파가 당권파인 종북세력에게 도전하는 난투극이 발생했고, 5명이 구속되는 일이 일어났다. 이석기 등 경기동부연합이 비례대표 선출을 둘러싸고 극심한 온라인 부정투표를 한 것이 들통났기 때문이다. 이로 인해 언론에서 2-3개월 동안 집중 보도했고, 이로 인해 통진당이 일심회, 왕재산 등 간첩단과 연루된 종북정당임이 만천하에 알려졌다. 국민들이 깨우치자 순식간에 통진당 지지율이 2-3%로 폭락했다. 그래서 민주당과 야권연대가 깨져 이석기와 문재인의 종북공동정권의 꿈이 산산조각나고 박근혜 후보가 어렵게 당선되었다. 만약 통진당 내분사태가 아니었으면, 국민들 모르는 사이 종북정권이 2012년 대선에서 이루어졌을 것이다. 참으로 끔찍한 일이 일어날 뻔했다.

통진당세력에 장악당한 대한민국

우리나라가 북한의 대남공작의 손아귀에 놀아나고 있다는 가장 확실한 증거는 이석기가 주도하는 경기동부연합이 대한민국의 중심부를 장악한 현실이다. 이석기의 경기동부연합은 용인 · 성남 지역을 거점으로 투쟁한 한총련 산하 지하세력으로, 주사파 중의 주사파요, 북한을 가장 추종한 종북세력이다. 이석기의 경기동부연합은 북한의 공작으로 민주노동당(민노당)에 들어가 2006년 민노당의 당권을 장악했고, 2011년 통진당(통합진보당)으로 확장해

민주당과 함께 2012년에 공동정권을 수립하려는 것도 실패했다.

국회의원이 된 이석기는 2013년 8월 RO사건이 드러나면서 구속이 되었고, 8년간 교도소에 갇히는 신세가 되었다. RO사건을 계기로 이석기의 통합진보당은 2014년 12월 헌법재판소에 의해 해산되는 사태를 맞았다.

그럼에도 불구하고 경기동부연합은 이재명 성남시장의 도움으로 전국으로 세력을 넓혔고, 다시 이재명과 함께 경기도로, 정치권으로 확장했다. 이석기 경기동부연합이 이재명과 운명공동체가 된 것은 2010년 지방선거 때였다. 이재명이 성남시장에 나섰는데, 이때 성남에 많은 기반을 가지고 있던 민노당 후보 김미희가 사퇴하고 이재명 후보를 밀었기 때문이다. 통진당이 해산되는 어려움 가운데서도 너끈히 극복하고 정치세력을 넓힐 수 있었던 것은 바로 이재명 성남시장의 도움이 있었기 때문이다.

이렇게 하여 통진당세력은 문재인정권기를 거치며 진보당으로 부활했으며, 나아가 이재명과 함께 더불어민주당으로 들어가 주도권을 장악했다. 더욱이 이번 총선을 통해 더불어민주당을 완벽히 장악했으므로, 바야흐로 통진당이 대한민국 입법부를 장악한 불행한 사태에 직면했다.

〈3〉 야권의 연대연합으로 윤석열정권 퇴진 노린다

야권의 총선전략인 학익진

나는 제22대 총선기간 내내 야권의 총선전략을 유심히 관찰했다. 야권에서는 많은 좌파정당들이 우후죽순처럼 등장하더니, 연대연합하는 행동들이 분주하게 일어났다. 이런 작업을 거친 후, 나타난 좌파정당들의 연대연합의 모습은 마치 적을 허물기 위한 포위공격 진영과 같았다. 조국 조국혁신당 대표는 이를 학익진이라고 불렀다. '학익진'(鶴翼陣)이란 이순신 장군이 한산도대첩 때 왜군 섬멸하는데 썼던 전법이다. 여러 야당들이 학의 양날개처럼 윤석열 정권(국민의힘)을 포위 공격하여 허물자는 것이다. 그것을 그림으로 그리면 다음과 같다.

왼쪽 날개를 보자. 더불어민주당을 중심으로 진보당, 새진보연합, 연합정치시민회의(광장촛불세력)로 연결되도록 했다. 4개의 정당을 하나로 묶은 것은 더불어민주당이 진보당, 새진보연합, 연합정치 시민회의 등 군소좌파정당들과 하나의 비례연합정당으로 묶은 후, 비례대표 의석을 나눠줬기 때문이다. 더불어민주당이 비례대표 의석을 군소 정당들에게 나눠준 것은 군소 정당이 하나의 정치적 운명공동체로 만들려는 의도로 보인다. 군소정당들도 윤석열 대통령 끌어내리기에 다같이 힘을 합하도록 하기 위함이다.

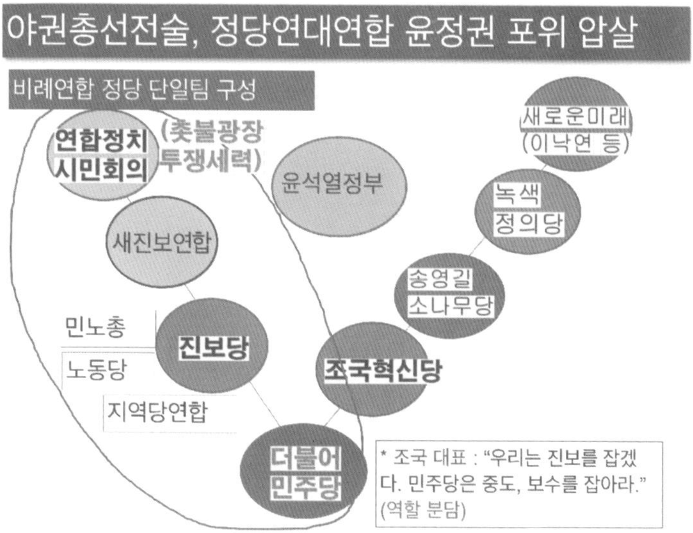

오른쪽 날개를 보자. 더불어민주당의 친명세력에 불만을 갖고 이탈한 친문세력과 진보당세력과의 연대연합에 불만을 갖고 이탈한 세력 등이 포진하고 있다. 조국혁신당, 송영길의 소나무당, 녹색정의당, 새로운미래(이낙연 등) 등이 들어 있다. 녹색정의당(녹색당+정의당)이나 새로운미래(이낙연 등)는 더불어민주당에 불만을 갖고 비례연합정당에 합류하지는 않았지만 윤석열 대통령을 끌어내리고 탄핵하는 데는 공동보조를 취하기 때문에 여기에 배치한 것이다.

더불어민주당 내에서 공천을 둘러싸고 친명세력과 친문세력이 갈등하고 친문세력이 이탈하자, 우파들은 이들이 서로 원수가 된 것으로 착각했다. 겉으로 보면 갈등과 분열 같은데, 사실은 전략적 전선재배치였다. 더불어민주당에서 이탈한 친문세력이 조국혁신당, 새로운미래 등으로 이탈했지만 재배치가 끝나자 언제 그랬느냐는 듯이 서로 연대연합해 윤석열정권 타도에 힘을 합하는 모습이 이것을 말해준다.

실제로 총선 1달 전인 3월 5일, 조국 조국혁신당대표는 이재명 더불어민주당 대표를 만나 총선전략을 논의했다. 조국이 먼저 이번 총선전략을 학익진으로 해서 서로 정당들끼리 연대연합하고 협력하자고 말을 했더니, 이재명 대표는 "모든 정치세력이 힘을 합치자"면서 호응을 했다. 조국 대표는 이재명 대표에게 "우리는 진보를 잡겠다. 민주당은 중도, 보수를 잡아라"라고 말했다. 서로 연대연합작전을 통해 야당에 압승하겠다는 전략논의를 한 것이다. 전쟁에서 이기려면 적의 이같은 전략전술을 정확히 알아야 한다. 피상적인 것만 알면 백전백패다.

야권정당들, 윤석열정권 퇴진에 집중할 것

총선과정에서 만들어진 학익진이 실제 총선 이후 윤석열 퇴진운동에도 그대로 작동되고 있다. 총선 후 채상병 특검법 통과를 요구하는 시위를 할 때, 좌파연대 7개 정당들이 모두 출동해 참여했다.

학익진을 제시한 조국은 윤석열 퇴진을 주장하며, 3년은 너무 길다며 빨리 끌어내리자고 선동하고 있으며, 진보당 대표들도 윤석열 대통령 탄핵에 앞장서겠다고 하고 있다. 더불어민주당도 채상병 특검법 통과 등 윤석열 퇴진을 위한 법적 조치에 총력을 기울이고 있다. 녹색정의당도 "탄핵의 권한을 국회가 아니라 국민에게 주자"고 주장, 대통령 탄핵을 지지했고, 이낙연 새로운미래 대표조차도 "국민의 분노나 걱정을 이렇게 모르는 대통령이라면 중간에 그만두는 게 나을지 모르겠다"며 퇴진운동에 동조했다. 더욱이 국민의힘에서 이탈한 이준석 개혁신당 대표조차도 윤석열 퇴진운동에 힘을 보태고 있다. 윤석열 퇴진을 반대하는 정당은 오로지 국민의힘 뿐이다.

좌파원로 백낙청 교수도 윤석열 퇴진운동에 집중하라고 선동하고 있다. 촛불광장단체들도 윤석열 퇴진투쟁에 포커스를 맞추고 있다. 총선이 끝난 직후인 4월 13일 권오혁 촛불행동 공동대표는 이렇게 말했다. "윤석열의 숨통을 틔어주면 안 된다." "틈을 주면 살아난다. 쉬지 말고 몰아치자."라고 했다. 촛불투쟁세력이 윤석열 퇴진투쟁에 앞장서겠다는 의지를 드러낸 것이다. 그러니까 좌파정당 연합세력과 광장투쟁세력이 연합해서 윤석열 대통령을 탄핵시키고, 박근혜처럼 끌어내리겠다는 의미다.

좌파진영의 채상병특검법, 김건희여사 특검 주장 등은 단순히 진실을 밝히려는 의도가 결코 아니다. 모두 윤석열 대통령 퇴진 명분과 여론조성을 위한 일이다. 윤석열 대통령이 손을 내밀고 머리를 굽힌다고 봐주거나 공세를 약화하는 일도 없을 것이며, 굽히면 굽힐수록 그것을 미끼로 삼아 한발 더 강한 공세로 나갈 것이다. 그래서, 윤석열 정권 앞에 놓인 선택지는 둘 뿐이다. 죽느냐 사느냐? 항복해서 불명예스럽게 죽느냐?, 아니면 죽기로 싸워 이기느냐?

앞으로 좌파정당 학익진은 윤석열 퇴진에 대한 국민지지를 확대하기 위해 광범위한 여론공작, 심리전공작, 국민의힘과 우파진영 내분공작 등까지 병행할 것이다.

특히 좌파진영은 총선과정에서 생긴 국민의힘 등 우파진영 내부분열상을 최대한 활용할 가능성이 높다. 우파세력의 윤석열 대통령에 대한 불신, 우파세력의 한동훈에 대한 불신, 한동훈 지지세력과 윤석열 지지세력간의 갈등, 윤석열정부와 국민의힘간 갈등 등이 가장 위험한 요인이다.

좌파진영의 다양한 공세에 대해 정부, 우파정당, 우파시민단체

등이 어떻게 일치단결과 대응체제를 구축하느냐가 관건이다. 윤석열 대통령과 국민의힘이 우파국민들의 신뢰를 얻으며 전투를 잘 지휘해야 한다. 자칫 불안감에 휩싸인 우파국민들을 혼란시키면 내부분열과 이탈로, 급속히 와해될 수도 있다. 이미 총선과정을 통해 실망한 우파세력이 불안감에 휩싸여 혼동에 빠져 있다. 이들의 불안을 단결력을 발휘하는 에너지로 만드는 지휘력이 절실할 때다.

〈4〉 민주당, 중도 넘어 우파진영까지 외연확장 가능성

윤석열 정부와 국민의힘은 대한민국 자유민주주의를 수호하려는 우파세력들의 불만을 많이 사고 있다. 이들의 중심세력은 이명박정권기를 주도했던 중도실용론인데, 기본적으로 적극 우파세력을 의도적으로 멀리하는 경향이 있다. 그래서 행동 우파진영은 "우리는 호구다. 우파정권의 볼모로 잡혀 있다. 이러지도 못하고 저러지도 못한다. 윤석열 정권으로부터 대접도 못받고(공천도 못받고) 있고, 천대를 받아도 안찍을 수도 없고..."라며 한탄을 한다. 이번 총선도 그랬다.

추측건대, 더불어민주당이 이러한 틈새를 노리고 우파진영을 혼란시키고 일부 우파세력을 유인하기 위한 분열작전에 돌입한 것은 아닌가 하는 느낌이 든다.

이후 조국 조국혁신당대표는 총선 직전인 3월 5일 이재명 대표를 만나, "우리는 진보를 잡겠다. 민주당은 중도 보수를 잡아라"라고 했다. 이에 부응하듯 이재명 더불어민주당 대표는 "우리(더불어민주당)는 보수정당이다"라고 선언했고, 이를 실천이라도 하듯 총선 직후 신속하게 보수세력, 중도세력을 잡기 위해 "종합부동산세 감면" 등 중산층을 위한 경제정책을 제시하기도 했다. 이재명 대표는 양복 옷깃에 '태극기 뺏지'를 항상 달고 다닐 정도다. 윤석열 정부와 국민의힘은 우파세력을 배척하는 전략을 빨리 수정해야 한다. 자칫 잘못하다가는 집토끼를 빼앗길 판이다.

〈5〉 이재명세력이 꿈꾸는 대한민국

토론과 협상은 자유민주주의체제 내에서 "어떤 방향과 방법을 택할 것인가?"를 정하기 위한 방법이다. 노선과 가치관이 다르면 토론과 협상은 불가능하다.

그렇다면 이재명세력은 대한민국을 어떤 나라로 만들려 하는지 알아야 한다.

이재명이 박근혜 대통령 탄핵 촛불광풍이 거세게 일어나던 2017년 1월 『대한민국 혁명하라』라는 자서전을 출간했다. 그는 책에서 "어떤 나라가 되어야 하는가?"라는 질문을 해놓고 "해방 후 우리가 합의했던 민주공화국의 가치가 살아 숨쉬는 나라를 만들자"(p29)고 했다. 그가 말한 "해방 직후 미군이 오기 전에 우리가 합의했던 민주공화국"이란 무엇을 말하나? 바로 박헌영이 만든 인민공화국(약칭 인공)이라는 국가 이름의 공산주의단체를 말한다. 이 단체는 마치 정부인 것처럼 행세를 했고, 전국 지역별로는 인민위원회를 조직했었다. 그래서 많은 국민들은 "아! 인민공화국-인민위원회가 해방 후 합법적으로 생긴 정부구나!"라고 생각하며 공산주의 행정서비스를 받은 것이다. 각 읍면동에서는 인민위원장이 권력자 행세를 한 것이다.

이재명이 꿈꾸는 나라는 바로 인민민주주의공화국으로 이해된다. 1980년대 주사파 용어로 말하면 민중민주주의공화국이다. 좌파들은 이를 그냥 민주공화국이라고 말한다. 우리가 들으면 헌법에서 규정한 자유민주주의의 민주공화국인 줄 착각한다.

그러면, 이재명 대표 머릿속에 있는 대한민국은 어떤 것일까? 그 책에 보면, '대한민국은 태어나서는 안 될 나라'라는 관념이 깊이 박혀 있다. 1948년 대한민국 건국일이라고 한 것은 잘못이라고 했다. 그리고 이 책에서 가장 많이 등장하는 문구가 "적폐청산"이다. 그는 대한민국 70년의 역사를 적폐의 역사라고 주장하고 있다. 대한민국 역사 전체가 적폐라는 인식이다. 그의 책(『대한민국 혁명하라』) 머리말에도 "(박근혜 탄핵 기회를 놓치지 말고) 70년만의 대청산과 대전환을 완료하고 새로운 대한민국, 진정한 민주공화국을 완성하자"고 선동했다. 그 말 속에는 지금 대한민국은 가짜 민주공화국이고 진정한 민주공화국이 아니라는 것이다. 그러니 그가 대한민국의 대통령이 되려는 목적은 적폐의 역사인 대한민국을 끝장내고 '새로운 대한민국을 만들겠다'는 것이다. 새로운 대한민국이란 "통일 대한민국"을 말한다. 그가 꿈꾼 통일 대한민국이란 자유민주주의의 대한민국일까? 아니면 공산통일 인민공화국일까?

그가 말하는 새로운 대한민국이 어떤 체제인지 알아보자. 그의 책(『대한민국 혁명하라』) 머리말에 보면, "87년 6월 항쟁으로 직선제와 형식적 민주주의를 쟁취했다"는 표현이 나온다. "형식적 민주주의"라는 단어에 주목한다. 이것은 1987년 6.10항쟁을 통해 얻은 자유민주주의는 '실질적 민주주의'가 아니고 '형식적 민주주의'라는 것이다. 이러한 표현은 일반적으로 좌파세력이 사용하는 용어인데, 자유민주주의를 일컬어 "형식적 민주주의", "절차적 민주주의"라고 폄하하고 "인민민주주의(→사회주의, 공산주의)를 실질적 민주주의"라고 긍정적으로 표현하는 것이다.

자유민주주의는 과도적 민주주의이고, 인민민주주의체제를 거쳐 공산 · 사회주의체제로 가야 진정한 민주주의체제이고 실질적 민주주의체제가 된다는 것이다. 자유민주주의체제는 공산세력이 힘이 약할 때 군주제나 군부독재를 허물기 위한 과도적 단계로 필요한 것이며, 좌익세력이 힘이 강해지면 때려부셔야 할 체제라는 의식이다.

러시아가 바로 그런 과정을 거쳤다. 1917년 2월 혁명은 부르주아혁명이다. 당시 레닌 등 공산주의자들은 힘이 약했기 때문에, 제정러시아 군주세력을 일단 타도하기 위해 부르주아세력(산업세력, 자유민주주의세력)이 주도하는 정권을 세우는데 힘을 보탰다. 그러나 군주정권이 무너지자, 공산세력은 바로 부르주아정권 즉 까렌스키정권을 무너뜨리고 공산정권을 수립했다. 자유민주주의는 공산정권을 수립하는데 과도적으로 필요한 정권이라는 의미다.

좌파의 원로 백낙청교수는 2010년 『2013년체제 만들기』라는 책을 썼는데, 요지는 이렇다. 2012년 대선에서 사회주의세력이 정권을 잡으면 자유민주주의체제인 1987년 헌법체제(6공화국 : 87체제, 87년체제라고 한다)를 허물고 새로운 헌법체제의 7공화국을 만들어야 한다'는 것이다. 백낙청 교수는 2024년 4월 총선 직후 "생명력을 다한 87년 헌법, 체제... 우리가 고수해야할 의무가 없다"고 말했다. 더욱이 통진당 후신 진보당의 당대표 선거(2024.6)에 나온 김재연 후보도 "낡은 87년 체제를 전환해내는 진보적 개헌의 소임"을 다하겠다며, "윤석열 탄핵을 넘어 제7공화국 시대를 열겠다"고 체제바꾸기를 노골적으로 언급했다.

조국혁신당 대표 조국도 2012년 대선에서 승리를 위해 2010년 『진보집권플랜』을 저술했다. 그는 그 책에서 '진보세력이란 사회주의세력을 말한다'고 규정하면서, 집권하면 전광석화처럼 사회주의체제로 바꾸어야 한다고 말했다.

이러한 프레임이 이재명 대표의 머리 속에도 담겨져 있다. "1987년 형식적 민주주의"라는 발언 속에 숨어 있는 것이다. 그러므로 이재명과 구 통진당세력은 어떻게든 현재 87체제의 현행헌법(자유민주주의체제헌법)을 허물고 새로운 인민민주주의체제의 헌법을 바꾸는 오랜 숙원을 이루려 할 것이다.

〈6〉 종북세력 중심 일당독재체제로 치닫는 대한민국 제1당 더불어민주당, 진성종북세력 정당으로 바뀌다

북한의 위협이 더욱 강화된 가운데, 남한 내 종북세력은 더욱 위험한 상황으로 치닫고 있다. 진성 종북세력이 통진당 후신인 진보당을 부활했을 뿐 아니라 제1당인 더불어민주당마저 완벽하게 장악했기 때문이다. 이번 총선을 통해 진보당이 3석의 의석을 차지했고, 더불어민주당도 친문세력인 1980년대 종북운동권인 전대협세력을 밀어내고, 친명세력인 1990년대 종북운동권 한총련-경기동부연합 등 진성 종북세력이 주도하는 정당으로 완전히 탈바꿈했다.

지난 총선공천과정에서, 당권파 친명세력은 비당권파 친문세력을 철저히 압박하고 일방적인 공천권을 행사했다. 임종석, 이인영, 우상호 등 문재인정권기를 주도했던 전대협 주사파 주요인물들도 기세등등한 친명세력에게 굴복하지 않을 수 없었다. 친명에 조금이라도 저항하는 모습을 보이면 당 외곽의 개딸, 더민주전국혁신회의 등 친명세력이 거침없이 공세를 가해 굴복시켰다. 이렇게 하여 더불어민주당은 친명일색화했는데, 당내 민주화가 사라지고 공산당처럼 전체주의정당이 되었다는 비판들이 쏟아졌다. 친명세력 핵심조직인 더민주전국혁신회의가 공천을 주도했다는데, 50명이 공천을 받아 이중 31명이 당선되었다. 이재명체제의 완성이다.

세계 공산화과정에서 본 공산당의 일당독재 확립

세계 공산화과정을 통해 한국상황을 진단해 보면, 2024년 총선 직후 대한민국 상황은 좌파독재(프롤레타리아독재, 일당독재)체제가 구축되는 시점에 와 있다는 느낌이 든다. 진성 종북세력은 더불어민주당, 진보당 등을 장악하여 여타의 좌파정당들을 연대연합하여 거대한 좌파정당연합체를 구축해, 입법부의 2/3에 가까운 의석을 확보했다. 진성 종북세력이 입법부를 장악하자, 중도정당인 새로운미래(이낙연 등), 개혁신당(이준석 등)도 좌파정당연대에 합류, 윤석열 정부를 공격하고 있다. 나아가 국민의힘에서도 실상을 잘 모르고 윤석열 정부를 배척하며 좌파연대 노선에 호응하려는 조짐마저 있다. 만약 우파정당의 마지막 진지인 국민의힘이 분열, 와해되는 순간, 대한민국은 좌파일당독재체제가 완성되는 것이다. 이 때 좌파독재체제란 바로 진성 종북세력의 일당독재체제인 것이다.

2011년만 해도 종북세력의 정당은 민노당(2012.12 통진당으로 개편)이 유일했고, 국회의원이 5명이었다. 2012년 4월 총선 때 종북정당인 통진당이 13석을 차지했으나 2014년 12월 통진당 해산으로 13명 모두 해임당했다. 그래서 종북세력이 정치권에서 소멸되었다고 오판한 우파국민들도 많았다. 그러나 문재인정권이 등장한 후 사태가 급변하여 오늘과 같은 좌파정당 일변도로 전복되고 말았다.

북한이나 2차 세계대전 후 동유럽 국가들의 공산화과정을 보면, 소수였던 공산당(노동당, 근로자당 등 이름은 얼마든지 다를 수 있음)이 세력을 점점 키워 99% 입법부를 장악하는 일당독재체제로 만들어간 것이다. 소수의 공산당이 일당독재를 만들어간 방법은 무엇일까? 공산세력이 우경정당에 침투해 무력화, 와해하기도 하고, 공산당 우호정당들과 연대연합(통일전선전술)을 거듭하는 것이었다.

헝가리의 공산화과정의 예를 살펴보자. 제2차 세계대전 직후 소련군이 헝가리를 진입할 당시 헝가리 공산당은 소수세력이었는데, 연대연합을 통해 세력을 키워 일당독재체제를 구축했다. 헝가리는 1946년 2월 왕정체제를 폐지하고 자유민주주의체제를 수립했는데, 우파정당인 소지주당을 제1당으로 하는 4개 정당의 연립정권이었다. 소수의 공산당은 세력을 키워 1947년 8월 총선에서 제1당을 차지한 후, 1948년 6월 사회당과 합병해 '근로자당'으로 개칭했다. 합병으로 몸집을 키운 근로자당은 1949년 5월 총선에서 99.8%의 국민 지지를 얻어 입법부를 완전 장악했고, 1949년 8월20일 신헌법을 공포, 일당독재체제인 인민공화국(프로레타리아독재, 인민민주주의체제)을 발족해 공산체제 만들기에 들어갔다.

동독도 마찬가지다. 동독의 공산당은 소수세력이었는데, 몇 번의 연대연합을 통해 세력을 키워 일당독재체제를 구축했다. 동독의 공산당은 1946년 사회민주당과 합병해서 사회주의통일당을 결성했다. 이 당은 기독교민주동맹 등 4개 정당과 연합하여 국민통일전선으로 당세를 확장했다. 국민통일전선으로 정치통일을 이룬 동독 공산세력은 1949년 10월 독일 민주공화국(인민민주주의체제)을 수립한 후 공산체제 만들기에 들어갔다.

〈7〉 좌파진영, 한계 직면한 진보-보수 대신 새프레임 사용
좌파진영, 민주개혁진보 프레임 임시 사용

좌파진영은 오랫동안 선거승리를 위한 전법으로 진보-보수프레임을 사용해 큰 효과를 거두어 왔다. 진보-보수 프레임은 좌파세력이 만든 정치프레임으로, 좌파세력에게 유권자들을 끌어모으는 가장 유력한 수단 역할을 했다. 국민들에게 '진보란 보다 좋은 세상을 꿈꾸는 세력'이라는 이미지로, '보수란 진보를 거부하는 수구꼴통' 이미지로 알려져 있었기 때문이다.

이런 진보-보수 프레임으로 여론조사를 하거나 선거를 하면 좌파에게 절대적으로 유리한 결과를 낳았다. 2009년 한 여론조사(리

서치플러스, 2009.6)에서 자신을 진보라고 생각하는 사람은 36.7%, 중도 34.8%, 보수 24.2%로 나왔다. 이런 프레임으로 선거를 하면 할수록 좌파에게 절대적으로 유리하고 우파에게는 절대적으로 불리했다. 자유민주주의를 파괴하고 공산주의, 사회주의를 지향하는 세력이 36%의 지지세력을 얻고, 자유민주주의를 수호하자는 세력이 수구꼴통 이미지로 24%밖에 지지하지 않는 결과를 얻었으니 말이다.

그러나 나를 포함해 우파진영의 지속적 노력으로 "진보세력=공산주의, 사회주의세력"이라는 사실이 널리 알려졌고, 2014년 12월 통합진보당이 위헌정당으로 해산되면서 진보-보수 프레임의 효용성이 상당히 떨어졌다.

2022년 7월 여론조사공정에서 실시한 국민정치성향 조사에 따르면, 진보 26.8%, 중도 35.3%, 보수 29.6%로 나타났다. 10여년 전보다 진보세력의 비중이 제법 줄어들었다.

문재인정권 때인 2019년 7월 데일리안에서 유권자 사상성향 여론조사를 했는데, '중도'를 중도보수, 중도진보로 더 세분화했다. 그랬더니, 진보 16.3%, 중도진보 25.1%, 중도보수 25.4%, 보수 16.6%으로 나타났다. 골수 '진보' 비율이 상당히 적고 '중도'로 쏠림 현상이 확연히 나타난 것이다. 진보정당(통합진보당, 진보당 등)은 곧 '종북정당'이라는 강력한 이미지로 인해, '진보세력'이라고 하기에는 뭔가 찜찜한 이상을 느끼기 때문일 것이다. 보수세력의 기피는 수구꼴통 이미지가 여전히 강하기 때문일 것이다.

통합진보당 후신 진보당도 최근 여론조사를 보면 지지율이 1.5-1%에 머물고 있음도 "진보당=종북당"으로 인식하고 있기 때문이다. "진보세력=좋은 세력" 속임수도 이제 생명을 다해가고 있음을 의미한다.

좌파들도 국민들이 '진보세력' 개념을 마냥 좋아하지 못하는 상태임을 깨닫고, 대체 프레임을 사용하기 시작했다. 22대 총선에서는 '진보세력' 프레임 대신 '민주개혁진보세력'이라는 용어를 사용했다. 그것도 '진보' 용어를 가장 뒤에 넣었다. 그만큼 진보세력이라는 용어의 유용성이 크게 줄었다는 반증이다.

한편으로는 민주세력, 개혁세력, 진보세력으로 인식하는 모든 세력을 끌어모으겠다는 저인망식 전략을 쓴 것이다. 윤석열 정부를 반대하는 세력이면 모두 다 끌어들이겠다는 연대연합전술이었다. 이것이 북한에서 제시한 반보수대연합전술인 것이다. 진보세력과 중도세력을 연합하고 보수세력을 고립시켜 승리하려는 통일전선전술이었다. 이번 총선에서도 더불어민주당, 진보당, 새진보연합, 촛불시민단체이 만든 비례대표정당 명칭을 "민주개혁진보연합"으로 했다가 더불어민주연합이라고 고치기도 했다.

이재명, 국민-반국민세력 프레임 제시

이재명 민주당 대표는 지난 총선기간 동안 수시로 "국민-반국민세력" 프레임을 사용했다. "이번 선거는 국민이 이기느냐, 반국민세력이 이기느냐의 대결이다", "이번 총선은 국민의힘과 민주당의 대결이 아닌, 국민을 업신여기는 반국민세력 국민의힘과 국민의 대결"이라고 강조했다.

좌파세력들이 그동안 윤 대통령이 '반국가세력' 프레임을 쓴다고 비난하더니, 이재명이 '반국민세력'이라는 요상한 신조어를 만들어 쓴 것이다. 이재명 대표는 반국민세력 신조어를 통해 국민의힘과 윤석열 정부, 국민의힘을 지지하는 우파국민들을 '반국민세력'으로 싸잡아 비난한 것이다.

이재명 대표가 '반국민세력'이라는 신조어를 쓴 이유가 무엇일까?

진보-보수 프레임의 한계도 드러나고 2023년 윤석열 대통령이 썼던 반국가세력이라는 프레임에 대응하기 위해서도 새 프레임의 필요성을 느꼈을 것이다. 내가 만든 대세(대한민국세력)-반대세(반대한민국세력) 프레임이나 윤석열 대통령이 만든 반국가세력 프레임이 국민들 속에 널리 확산되자, 자칫 방치하다가 반대한민국세력,

반국가세력으로 낙인찍혀 국민들로부터 외면당할 가능성을 염려한 것은 아닐까?

이들이 말한 국민-반국민세력의 의미는 무엇일까? 이들의 지칭하는 국민은 촛불국민 즉 좌파국민, 인민민주주의 국민을 뜻하는 것이고, 반국민세력이란 척결해야 할 보수국민, 우파국민, 자유민주주의국민을 의미하는 것으로 이해된다. 이미 문재인 대통령이 그런 의미로 국민을 둘로 나누고 차별대우했기 때문이다.

문재인 대통령은 2019년 1월 청와대 행사에서 "20개월 간 오직 촛불민심만 생각했다"고 고백했고, 수시로 문재인정권을 수시로 촛불혁명정권이라고 말했다. 박근혜를 끌어내린 촛불국민에 의해 만들어진 정권이라는 뜻이다. 2017년 5월 대통령선거 직전 문재인 후보는 유세 중 "가짜보수를 횃불로 불태우겠다"고 발언했고, 이해찬 더불어민주당 대표도 당시 '보수를 궤멸시키겠다'고 말했다.

문재인이 생각한 국민은 분명 둘이다. 하나는 자신을 지지하는 촛불국민, 다른 하나는 궤멸시켜야 할 보수국민. 국민을 사상적으로 둘로 나누는 것은 공산주의 사상의 가장 큰 특징이다. 프롤레타리아계급과 부르주아계급, 가난한 자와 부자, 친공과 반공, 인민과 반동분자.

이재명 대표가 말한 국민은 무엇이고 반국민세력은 무엇인가? 국민은 촛불국민일 것이고, 반국민세력은 국민의힘과 지지세력을 말한다. 그는 대한민국 건국 이후 모든 역사를 '적폐의 역사'라고 규정했으니, 국민의힘과 지지국민들도 적폐세력, 적폐국민으로 볼 것이다. 공산주의식으로 말하면 반동분자를 의미하는 것이다.

〈8〉 야권 지지세력 현황

우파정당들은 물론 우파세력은 총선전쟁을 치르는 과정에서 좌파진연에 대한 면밀한 분석을 하지 않는 치명적 약점이 있었다. "어찌어찌하다 보면 이기지 않을까?"하는 묘한 기대심리가 만연했다.

이번 총선에서 야권승리 원인, 우파정당 패배의 요인들을 살펴보는데 있어, 잊지 말아야 할 것은 야권지지세력의 움직임이다. 야권지지세력에는 어떤 것이 있으며, 총선 때 어떻게 움직이는지 파악해야 한다. 그래야 우파가 총선에서 왜 졌는지 이해가 되고, 다음 선거에서 승리할 대안을 찾을 수 있는 것이다.

좌파정당 지지세력 : 당원 규모와 그 의미

인구 6,700만명인 영국의 보수당의 당원수는 20만명(0.3%), 노동당은 50만명(0.74%) 수준이다. 유럽 자유민주주의국가의 정당들의 당원수는 많아도 전체 인구의 2-3%정도라고 한다. 중국의 경우, 전체 인구가 14억 1천여명인데 공산당원은 9,804만명으로 전 인구의 6.9%이다.

그런데, 우리나라 주요 정당 당원수는 얼마나 될까?

제1당인 더불어민주당의 당원수를 보면, 전체 당원수는 500만명이고, 월 1천원 정도의 당비를 내는 권리당원수는 2023년 6월 기준 245만명이다.(국민의힘은 80만명 수준) 전 인구수가 5,200만명인데, 당원이 500만명이면 당원 비율은 9.6%나 된다. 세계 1등이다.

세계자유민주주의국가들과 비교할 수 없을 만큼 많은 숫자이며, 심지어 공산국가보다 많은 비율이다. 민주당의 권리당원 수는 2008년에는 2만 3,233명에 불과했는데, 106배나 급증한 것이다. 그중 절반에 가까운 47.2%(115만 8423명)는 이재명 대표가 대선후보로 부상한 2021년 이후 입당했다. 특히 이재명이 더불어민주당 대표가 된 2022년부터 더욱 폭발적으로 급증해 2023년 6월까지 100만명 이상이 늘어났다.

이재명 대표체제에서 폭발적으로 입당한 사람들은 누구일까? 개딸 성향의 이재명 팬덤세력일 것이다. 당직자들조차도 "DNA 절반이 바뀐 '이재명의 민주당'"이라는 말을 할 정도다. 이재명 팬덤 중 가장 강성 행동파가 '개딸'인데, 이들의 규모는 약 3천명 정도라는 평가다.

더불어민주당은 세계 최대의 당원수를 가지고 있고, 유래를 찾을 수 없는 강성 팬덤 당원들을 보유하고 있다. 이것이 야권의 총선 승리의 기반이다. 개딸들은 공천과정에서도 비명계 의원들을 굴복시키는 압력을 행사했고, 이재명 지역구에 몰려가 선거활동을 전개했다고 한다.

이재명 대표는 현재 민주당 당원 규모에 만족치 않고, 당원 배가 운동을 벌이겠다고 한다. 권리당원 250만명, 일반당원까지 포함하면 500만명인데, 이를 1,000만명으로 만들겠다는 목표다. 현재만 해도 중국 공산당을 제외하면 세계 최대정당인데, 이를 또 배로 늘리겠다는 것이다.

이재명 대표는 한 민주당 당원행사에서 "당원을 두 배로 늘리고 당원의 권한을 두 배로 늘려 당원 중심의 정당을 통해 국민이 주인인 나라를 만들자"고 말했다. 더불어민주당 당원이 나라의 주인 역할을 하도록 하겠다는 것이다. 특정 정당이 국가를 주도하도록 하는 대표적 나라가 중국, 북한 등 공산국가다. 공산당 조직이

군, 행정부, 사법부는 물론이고 지방 말단기관까지 실핏줄처럼 퍼져 통제하고 이끌어가는 것이다. 공산국가에서는 누구나 공산당원이 되려고 노력하는데, 이는 공산당원이 되어야 권력을 행사하고 출세를 하기 때문이다.

대한민국 하부를 장악한 좌파마을활동가들

이재명 대표가 2017년 1월 출판한 『대한민국 혁명하라』는 책이 있는데, 지방분권 항목에 "꼬리를 잡아 몸통을 흔든다"는 제목이 있다. 지방분권으로 대한민국 체제를 바꾸겠다는 의미로 보인다. 문재인정권 때인 2018년 2월 더불어민주당이 만든 헌법개정초안을 보면, 지방분권이라는 지렛대를 이용해 체제를 바꾸겠다는 의도가 노골적으로 들어가 있다. 헌법 제1조 제3항에 "대한민국은 지방분권국가를 지향한다"라고 규정한 것이다.

우리나라 우파정권은 중앙집권체제를 유지해 왔기 때문에, 소외된 지방들이 불만을 가져왔다. 좌파들은 지방의 불만을 비집고 들어가 지방분권, 주민자치 등을 명분으로 내세워 지방에 좌파체제를 구축하려 오랫동안 노력해 왔다. 그런데, 우파단체장이나 우파주민들은 좌파들의 이러한 체제변혁 의도를 모른채 단순히 예산과 권한을 지방에 배분하려는 선의로 생각해 동조해온 것이다.

문재인정권은 청와대 직속 자치분권위원회를 설치(2021.3)해 지방분권정책을 추진하면서, 주민자치회, 마을교육공동체, 마을경제공동체(협동조합, 사회적 기업 등) 등 좌파 네트워크를 구축하려 노력했다. 이를 위한 좌파 마을활동가 양성과 조직 결성을 위한 지원사업에도 매우 적극적이었다. 이러한 결과로, 시군구별로, 하부 3,500여개의 읍면동 별로 좌파 우호조직들이 그물망처럼 펼쳐져 있다. 이러한 좌파의 3,500여개 읍면동 장악을 통한 인민민주주의 체제 확립작업은 베네주엘라 차베스모델이다. 좌파들이 마을주민들에게 경제적 수단과 정보 · 행정통제권을 행사함으로써 주민들을 장악해 좌파영구집권체제를 구축하려는 것이다.

이러한 좌파 마을조직들은 선거 때 유권자들을 움직이는 정치조직 역할을 수행하는 것이다. 2022년 3.9대선 때 전북에서 1만5천명의 마을활동가들이 이재명 지지선언에 동참한 것을 감안할 때, 문재인정권 때 양성한 전국 좌파마을활동가들의 규모가 엄청날 것으로 보인다.

물론 윤석열 정부 등장 후 보조금 차단 등으로 위축된 측면도 있으나, 결코 사라지지 않고, 오히려 더 교묘한 방법으로 세력을 확산하고 있다.

더욱이 이러한 좌파마을 조직들이 지방 곳곳에서 지역정당을 만들려는 움직임이 일고 있다. 영등포당 등 시군구별 정당도 나타났고, 전북지역당 등 시도별 정당도 등장했다. 이런 식이면 멀지 않아 광주지역당, 대전지역당, 경기지역당, 강원지역당 등도 생기지 않을까? 이런 지역당연합 추진세력은 3,500여개 읍면동을 마을공화국이라 하고, 이를 기반으로 대한민국을 "마을연방민주공화국"으로 만들려 하고 있다. 이 지역당연합은 이번 22대 총선 때 더불어민주당, 진보당, 정의당 등과 함께 선거연대 대상에 포함되기도 했다. 이들은 진보당과 함께 2026년 지방선거에서 지역집권정당을 꿈꾸고 있다.

각종 좌파단체들의 선거참여 활동

2002년 효순미선 촛불시위 때 참여한 좌파단체는 500여개, 2008년 광우병 촛불시위 때 참여한 단체는 1,800여개, 세월호 시위 때 참여한 단체는 1,500여개, 박근혜 퇴진시위에 참여한 단체도 1,500여개에 이른다고 한다. 이들이 앞으로 윤석열 대통령 퇴진투쟁에도 적극 참여할 것이다.

이번 총선 때, 더불어민주당은 촛불시위 주도세력을 비례대표정당(더불어민주연합)에 포함시켜 2명의 국회의원 당선을 배려했다.

이들에게 국회의원 자리를 배려한 이유는 총선 후 윤석열 대통령 퇴진투쟁 대열에 공동보조를 취하도록 엮기 위함일 것이다. 앞으로 이들은 하나의 정치운명공동체로서 다음 지방선거, 대선때도 운명을 같이할 것이다.

촛불단체들의 숫자가 중요한 것이 아니다. 그 세력 규모다. 역대 촛불시위를 주도하는 핵심단체는 민노총인데, 민노총은 120만 회원으로, 단일조직으로서 대한민국 최고의 투쟁역량을 보유하고 있다. 민노총은 강령에서부터 정치세력화를 지향한다고 했고, 선거 때마다 적극적으로 개입하고 있는 정치단체다.

자유총연맹, 대한노인회 등 약간의 국가지원금을 받으면 야당의 눈치를 보느라 정치중립 프레임에 갇혀 꼼짝도 못하는데, 민노총, 전교조 등 좌파단체들은 어마어마한 정부 지원금을 받으면서도 보란 듯이 노골적인 선거개입, 정치활동을 하고 있다. 정치중립 프레임은 우파세력을 꼼짝 못하게 하는 족쇄일 뿐이다.

❸ 지기(知己)의 중요성 : 우리 알고 승리방안 찾기

(1) 사상전 승리의 기본방향

우파는 모두가 참여하는 체제전쟁임을 알아야

대한민국세력의 상당수는 아직도 자유민주주의체제가 잘 유지되는 줄 알고, 체제전쟁 중 상태에 있음을 잘 모르고 있다. 대한민국은 현재 총성은 들리지 않지만 치열한 체제전쟁, 사상전쟁 중이다. 일종의 내전이 진행 중임을 정확히 알아야 한다. 체제전쟁은 대한민국을 공산 · 사회주의체제로 끌고 가려는 팀과 자유민주주의체제를 유지, 발전시키려는 팀 간에 벌어지고 있다.

체제전쟁 중이라면 알아야 할 가장 중요한 포인트는 피아식별이다. 적이 누구이며, 아군은 누구인가? 적은 공산 · 사회주의세력이며 종북세력, 반대한민국세력이다. 아군은 자유민주주의세력이며, 대한민국세력이다.

이 체제전쟁에서, 우파국민들은 직접 행동하지는 않고 남이 나서주기를 바란다. "윤석열 대통령은 뭐하냐?", "우파정당은 뭐하냐?, 우파단체는 뭐하냐?" 현재 우리가 벌이는 전쟁은 사상전이고 총성 없는 내전이다. 정부와 정당만이 참전하는 전쟁이 아니다. 모든 국민들이 동참해야 이기는 전쟁이다. 이 전쟁은 사상을 달리하는 국민들이 두 팀으로 나뉘어 치열하게 싸우는 총력전이고 전국적인 전쟁이다. 따라서, 좌파세력은 총력을 다해 참여하는데, 우파들은 심판석에 앉아 구경하는 경향이 있다. 이 전쟁에서 이기려면 자유민주주의를 좋아하는 국민들이 나서서 참전해야 한다.

무력전쟁이 일어나도 일반 국민들이 참전하는데, 사상전은 물을 필요가 없다. 이 전쟁은 정치전, 선거전, 경제전, 법률전, 외교전 등을 망라하고, 하부로는 광장전투, 마을전투, 조직내 전투, 교회내, 가정 내에서도 전투가 이루어진다. 따라서, 전선이 따로 없다. 모두가 전투행동에 나서야 한다.

대한민국세력, 모두 동일한 네비게이션 장착해야

자유민주주의를 긍정하는 우파세력은 공산·사회주의를 지향하는 좌파세력에 비해 그 수가 월등히 많다. 그런데도 다수의 우파세력이 소수의 좌파들에게 계속 밀려나고 패배해온 이유는 무엇일까?

공산주의자, 주사파는 대학 때부터 수십년동안 마르크스-레닌주의, 주체사상 등 동일한 사상을 학습하고 동지들과 현쟁투쟁 활동을 지속 반복해왔다. 이를 통해 동일한 가치관에 입각한 전략전술을 익혔기 때문에 행동통일이 가능한 것이다. 그러나 우파세력은 그런 가치관 교육을 받지 않았고, 행동통일 투쟁활동을 해보지도 않았다. 그래서, 우파세력이 소수의 좌파세력에게 계속 패하는 것이다.

따라서, 우파세력은 좌파세력과의 체제전쟁에서 승리하기 위해서, 같은 교범에 입각한 사상훈련을 받아야 한다. 그래야 합동훈련이 가능하다. 대한민국 모든 군부대가 일사분란한 전투가 가능한 것은 논산훈련소에서 같은 교범을 가지고 동일한 군사훈련을 받았기 때문이다. 동일한 교범이 핵심이다. 교범이 같으면 부대가 달라도 행동통일이 가능하다. 조직 구성이 핵심이 아니라 동일한 교범, 동일한 바이블이 핵심이다.

그다음, 동일한 교범을 가지고 교육을 하되, 지속 반복적으로 해야 한다. 핵심 내용을 지속 반복적으로 전파하다 보면, 모든 국민들의 뇌리 속에 스며드는 것이다. 조급한 마음을 먹지 말고 인내심을 가지고 전파해야 한다.

우파진영의 고질병을 고쳐야

국민들의 다수가 자유민주주의를 좋아함에도 불구하고 도대체 무슨 이유로 반체제세력에게 밀리는 것일까? 체제전쟁에 대한 전투능력을 현저히 떨어뜨리는 고질병이 있기 때문이다. 우파정부, 우파정당, 우파단체, 우파유권자 모두 하나의 힘으로 결집하지 못하기 때문이다. 그만큼 분열상이 심하다는 것이다.

특히 우파정부는 자유민주주의체제 수호자이자 우파세력을 결집해야 할 주도자인데도 불구하고 이를 외면하는 현상이 심하다. 말만 우파정부라지만 정작 대통령실, 주요 장 · 차관, 주요보직 인사에서는 우파인물들을 배제, 고생한 우파운동가들에게 절망감을 주어 우파운동의 불씨를 끄는 일을 계속해 왔다. 좌파진영은 절대로 이렇게 하지 않는다. 좌파정권이나 좌파정당은 진영을 위해 희생하고 노력한 대가에 대해 평가하고 응분의 보상을 해주는 것을 잊지 않는다. 이를 통해 좌파진영의 사기를 북돋우고, 나아가 '이렇게 헌신하면 이렇게 보상을 준다'는 메시지를 줌으로써, 활동가들이 더욱 열심히 투쟁하도록 독려하는 것이다.

우파진영의 주요 주체들마다 역할이 다르다. 대통령과 정부, 우파정당, 우파단체, 우파국민들이 해야 할 일 순서로 살펴보는 게 맞을 것 같다.

우선 대통령과 정부가 해야 할 일은 무엇일까?

(2) 대통령과 정부가 해야 할 일은 무엇일까?

〈1〉 윤석열 대통령이 종북세력을 대하는 자세

윤석열 대통령에게 부탁하고 싶은 말은'지혜롭게, 강하고 담대하게'이다. 좌파정치세력에게 '저자세로 협치한다고 해결될 문제 절대 아니다. 저자세로 나오면 더 밟을 것이고, 항복하면 바로 죽인다. 대통령이 항복하면 대한민국세력도 죽고, 대한민국도 죽는다. 이순신 장군이 명량해전을 앞두고 장군들에게 강조했던 사즉생(死卽生) 정신이 필수적이다. '죽으면 죽으리라' 하는 정신이 12척으로 133척을 물리치고 나라를 살렸다. 그 정신만 가지면 절대로 죽지 않는다. 국민들이 윤석열 대통령을 도울 것이다.

공산주의자, 종북주의자에 대한 경계심을 잊지 말아야 한다. 공산주세력, 종북세력은 교활한 정치사기꾼이다. 이들에게 속아 잘못된 관용을 베풀면 안 된다. 이들은 약한 척, 불쌍한 척하며 '처마 밑을 빌려달라'고 애원한다. 그러다 처마 밑을 빌려주면, 곧 문간방을 빌려달라고 요구한다. 문간방을 양보받으면, 곧 큰방을 내놓으라고 겁박한다. 처마밑을 빌려주는 것은 곧 큰방을 빼앗기는 첫걸음이다.

〈2〉 사소한 양보도 항복으로 가는 계단

체코의 공산화과정에서 얻는 교훈이 있다. 2차 세계대전이 끝날 당시 체코는 동유럽 국가들 중 가장 산업화에 성공한 자유민주주의국가였다. 그러나 동유럽 나라 중 공산주의, 소련에 대해 가장 우호적인 인식을 가지고 있었다. 따라서, 1946년 2월 총선에서 공산당이 38%라는 큰 승리를 거둘 정도였다.

에드바르트 베네시 대통령은 비공산주의자(내심 공산당 혐오)임에도 총선 패배 결과를 받아들여 체코공산당을 창당한 고트발트에게 '협치' 명목으로 총리직을 맡을 것을 요청, 연립정부를 수립했다.

고트발트 총리 등 공산세력은 이 틈을 이용해 내무장관, 경찰청장 등 주요 공직에 공산세력을 심어나갔다. 공산주의자 내무장관, 경찰청장은 경찰청 내 비공산세력을 대거 숙청함으로써 경찰청을 공산세력의 진지로 만들었다. 이에 반발하여 비공산주의 장관 12명이 사임하기도 했다. 이를 자각한 국민들의 반발로 1948년 5월 총선에서 공산당이 패배할 것이 예견되자, 소련군의 사주로 고트발트 총리 등 공산당이 쿠데타를 일으켜(1948.2.21.~25) 정권을 장악했다.

공산혁명세력은 비공산계 정치인, 장관들을 체포하고 비공산계 공무원들을 퇴출했으며, 군대도 해산했다. 그 결과, 체코 공산당은 1948년 총선에서 100%의 득표율을 얻어 일당독재 기반을 구축했다. 이어 인민민주주의체제의 헌법으로 바꾸고 체코인민공화국을 수립했다. 공산혁명 주도자 고트발트가 대통령이 되자, 정치, 정부내 공산주의자가 아닌 세력은 모두 숙청 등 제거했으며, 농업과 공업을 국유화하는 등 사회주의체제로 바꾸어 갔다.

체코 공산화과정에서 얻은 교훈은 무엇일까? 체코의 비공산세력은 공산주의자들을 상대로 '전쟁'하기보다는 적당히 타협하는 것이 나을 것이라며 양보에 양보를 거듭했다. 공산주의자들은 우파세력의 약점을 잘 알고 양보를 얻으면 그 진지를 활용해 세력을 넓힌 후 더 큰 양보를 요구했고 결국 모든 것을 장악했다. 체코의 자유민주주의 정부나 국민들은 공산세력과의 투쟁을 기피하다가 모든 것을 잃고 말았다.

지금 윤석열정부, 국민의힘 등 비좌파세력은 체코 공산화 역사를 교훈삼아 총선 패배를 이유로 사소한 양보와 양보를 거듭해 항복으로 가는 뒷걸음질을 멈추어야 한다. 담대한 마음으로 대한민국 자유민주주의체제 수호에 앞장서야 한다. 그러면 국민들은 불안한 마음을 털고 대통령과 정부를 따를 것이다.

〈3〉 대통령 탄핵보다 더 위험한 헌법개정 협상

야권은 명시적으로는 윤대통령 퇴진을 목표로 삼지만 숨긴 목적은 입법부 장악을 계기로 법률, 헌법 등을 개정해 체제를 바꾸는 것이다. 이들은 문재인 정권 때부터 체제변혁을 위해 법률을 바꾸고 조례를 바꾸고 심지어 헌법을 바꾸려 부단히 노력했다. 더불어민주당은 이미 문재인정권 5년 동안 4,025건의 법률을 제정 개정했고, 조례는 8만건이나 제정 개정했다.

평창올림픽이 개최되던 2018년 2월, 더불어민주당에서 헌법개정안을 만들었는데, 대한민국의 체제를 바꾸는 위험한 헌법개정안이었다. 일례로 '양심의 자유'를 '사상의 자유'로 바꾸어 공산주의 사회주의 주체사상과 같은 반체제사상이 마음껏 헌법상 권리로 보장하는 세상을 만들려 했었다. 또한 주체사상의 기본컨셉인 "사람이 주인이다"라는 것을 녹여내 국민의 기본권 향유 주체를 국민에서 '사람'으로 바꾸어 놓기도 했다. 당시 더불어민주당의 헌법안에는 북한과 연방제 통일이 가능한 인민민주주의체제로 바꾸려는 의도가 곳곳에 숨어 있었다. 그런데, 2024년 총선을 통해 당시 보다 훨씬 더 위험한 진성 종북세력이 야권 전체를 주도하고 있는 실정이다. 이들과 헌법개정 협상에 나선다면 어떤 헌법이 탄생할 것인가?

더불어민주당은 윤석열 대통령이 5.18정신 헌법전문 수록을 약속한 것을 명분으로, 원포인트 개헌을 주장하기에 이르렀다. 이에 황우여 비대위원장은 원포인트 개헌이 아니라 이참에 "5.18 헌법전문 수록 등 헌법 전면 개정문제를 논의하자"고 말했다. 그렇다면 더불어민주당이 "좋다. 헌법 전체를 개정하는 협상을 해보자"라고 주장한다면 어떻게 할 셈인가?

우파정치인들은 반체제세력의 숨은 의도와 치밀한 계획을 모르면서, 이들과 헌법개정 협상 발언을 불쑥불쑥하는데, 이들의 꼼수에 말려드는 일이다.

〈4〉 5.18정신 헌법전문 수록이 갖는 부작용

윤대통령이 취임 전부터 거론한 5.18의 헌법전문 수록에 대해서도 한마디 하고 싶다. 어떤 역사적 사건도 복잡한 요소들이 뒤엉켜 일어나고 예측하지 못하는 상황으로 전개되는 것이다. 그래서 어떤 역사적 사건이든 복잡한 측면이 있고, 한마디로 명쾌히 정의하기 어렵다. 5.18도 여러 주체들이 복합적으로 참여해 단순히 하나로 정의하기 어렵다.

거두절미하고 우파세력은 현실을 중시하고 지나간 과거 역사를 소홀히 생각하는 경향이 있다. 전두환 정부 때도 그랬고 그 이후 모든 우파정권들은 하나같이 좌파세력들의 악착같은 역사 장악시도에 대해 타협하는 식으로 후퇴에 후퇴를 거듭해 왔다. 그래서 모든 역사가 그들의 수중에 들어가 버리고 말았다.

그러나 좌파세력은 어떻게든 과거 역사를 자신들의 입맛에 맞게 바꾸고 그 역사를 통해 미래를 장악하는 고도의 작전을 꾀한다. 5.18 헌법전문 수록도 자칫 좌파세력에 악용당할 소지가 있다. 사건을 자신들의 정치적 목적에 맞게 바꾸어 놓음으로써 미래 대한민국을 장악하려는 전략일 수 있다.

이러한 좌파세력의 집요한 성향을 고려할 때, 헌법전문에 5.18을 헌법정신으로 수록할 경우, 어떤 일이 벌어질지 생각해보자.

5.18 희생자는 헌법적 영웅으로 추앙받을 것이다. 그리고 5.18을 비판하는 사람은 헌법정신을 부정하는 반헌법세력의 낙인이 찍히는 것은 아닐까? 지금까지 국민의힘에서도 5.18을 거론했다가 국회의원, 단체장, 지방의원 공천에도 떨어지고, 여론으로부터 온갖 뭇매를 맞는데, 헌법에 수록된다면 어떤 일이 벌어질까? 아무도 5.18 비판을 입에 담기 불가능할 것이다. 5.18특별법 위반이 아니라 헌법정신 위반이 되기 때문이다. 거론하는 자는 반헌법세력, 반국가세력, 반체제세력으로 몰려 큰 처벌을 받을 수도 있다.

문제는 그 정도에 그치지 않는다. 대한민국 80년의 역사가 뒤바뀔 수 있다. 5.18을 진압한 전두환 대통령 등이 반헌법세력으로 규정될 수 있다. 이를 이은 김영삼, 이명박 박근혜, 윤석열 정권도 그 아류로 규정되고 이승만, 박정희 정권도 전두환정부의 뿌리로서 매도당할 수 있다. 결국, 80여 년의 대한민국 역사는 적폐의 역사이고, 대한민국은 "태어나서는 안 될 나라"라는 관념이 헌법에 의해 현실화될 수 있다. 그러므로 5.18의 헌법정신 수록은 5.18민주화운동의 역사적 의미를 부여한다는 단순한 생각을 넘어 지금까지 정통으로 인식했던 대한민국 건국과 반공, 산업화 등의 역사가 반역의 역사로 뒤집히는 전환점이 될 수 있다. 그러므로 헌법전문에 5.18정신을 넣는 것을 가볍게 생각하지 말기를 바란다.

〈5〉 협치하더라도 우파지지 상실 선 넘으면 안돼

총선에서 다수 의석을 빼앗긴 탓으로 협치 명분으로 의례적 접촉은 불가피할 수 있지만, 넘지 말아야 할 선이 있다. 자칫 선을 넘으면 우파세력의 지지 상실로 큰 위험에 봉착할 수 있다.

그런데, 총선 직후, 대통령실이 바로 그런 우를 범했다. 물론 총선 패배로 당황해 그랬을 것이다. 가장 충격적인 첫 뉴스는 대통령실 발 박영선을 총리로, 비서실장을 양정철로 한다는 것이었다. 특히 양정철은 2020년 총선 때 부정선거를 주도했다는 의심을 받는 자이다. 그 소식을 들은 우파들은 큰 충격을 받았다. 다행히도 박영선 총리설, 양정철 비서실장설은 해프닝으로 끝났다.

5월 7일, 한국일보 보도가 큰 충격을 주었다. 함성득 경기대학원 교수와 임혁백 고려대 명예교수가 한 인터뷰 때문이었다. 이들이 윤석열 대통령과 이재명 대표 간 영수회담을 물밑에서 조율한 내용을 공개해버린 것이다. 윤 대통령이 이재명 대표에게 "총리를 추천해 달라", "이 대표가 불편한 사람은 기용하지 않겠다", "영수회담 잘되면 골프회동과 부부동반 모임도 갖자" 등을 제안했다는 것이다. 우파국민들에게 큰 충격을 주었다. 대통령실이 이를 부인했지만 이런 사람을 비선으로 활용한다는 자체가 문제였다.

앞으로 이런 일이 거듭 일어난다면 우파국민들의 신뢰를 상실,

지지율 폭락으로 나타날 수 있다. 정권 하반기 지지율 폭락사태가 일어나면 박근혜 대통령보다 더 비참한 상황에 직면할 수 있다. 박근혜 대통령은 박정희 대통령의 그 후광 등에 기반한 견고한 콘크리트 지지층이 있었음에도 불구하고 좌파의 공세가 거세지자 "최순실과 무슨 일이 있었던 거야"라는 의심이 일어나, 지지율이 5%까지 폭락했다. 그래서 견딜 수 없었고, 중도에 퇴진당하는 사태가 일어난 것이다.

윤석열 정부는 명확히 인식해야 한다. 내부의 적과 대치하는 상황에서 우군의 콘크리트 지지층을 잃는 것은 자멸로 가는 길이다. 종북세력의 거센 공세를 막아낼 수 없다. 아무리 힘들어도 견고한 우파 지지층과 함께 가야 한다. 그러기 위해서는 원칙을 지키고 절대로 우왕좌왕하면 안된다. 이러한 원칙을 지키려면 현 정세를 정확히 알고 신중하면서도 사즉생의 담대한 마음이 필요하다.

〈6〉 공무원의 국가수호 의무

윤석열 정부는 출범한 지 벌써 2년이 넘었다. 그런데, 공무원들을 대상으로 국가정체성 교육을 실시하고 있다는 소식을 듣지 못했다. 문재인정권 때는 공무원교육기관에서 성미산마을, 좌파형

마을공동체 등을 강의하기도 하고, 공기업 교육기관에서는 민노총에 의해 사회주의 성향 특강을 실시하기도 했다고 한다. 좌파정권은 내놓고 좌파사상 교육을 하는데, 우파정권은 대한민국 공무원으로서 가져야 할 공직가치교육도 제대로 하지 않고 있다.

이유는 공무원들의 정치중립 의무 때문이라고 한다. 정치중립은 지켜야 하지만 이를 사상중립으로 착각해 공산 · 사회주의세력에 대한 비판활동까지 하지 않는 것은 잘못이다. 정치중립과 사상중립은 엄연히 다르다. 사상중립이란 자유민주주의와 공산주의, 사회주의, 주체사상 등 반체제사상과의 싸움에서 중립을 지키는 것을 말한다. 대한민국 국가수호 의무가 있는 공무원들이 사상중립을 지키는 것은 헌법 위반이다. 대한민국은 헌법상 자유민주주의체제인데, 자유민주주의체제를 수호하는 임무를 띤 공무원이 자유민주주의체제 수호 교육을 받는 것은 정치중립 위반이 아니다. 그런 교육을 하지 않는 것이 오히려 헌법위반이다.

모든 공무원들은 헌법상 대통령을 보좌하여 국정을 수행하는 주체이다. 따라서 모든 공무원들이 일사분란하게 공직을 수행하기 위해서는 국가정체성 교육을 하는 것이 필수적이다.

공무원은 공직자 선서에서도 "나는 자랑스런 대한민국 공무원이다. 국가를 수호하고..."라고 했다. 대한민국의 '영토, 국민, 주권, 정부'(국가구성 4요소)를 지키고 자유민주주의체제, 역사적 정체성 등을 지키는 주체라는 것을 명심해야 한다.

정부 부처 · 자치단체 · 공기업별로 자체 교육기관이 있는데 국가공무원인재개발원, 지방공무원교육원, 군교육기관, 법무연수원, 경찰대학, 정보교육원 등이다. 정부 부처들은 물론 서울시 등 자치단체나 공기업들도 자체 교육기관을 보유하고 있다. 지금 대한민국 체제위기 상황을 감안할 때, 정치적 요소는 제외하더라도 적어도 공직자로서 가져야 할 공무원의 자세, 임무, 대한민국 역사관 등에 대한 교육은 이루어져야 한다.

〈7〉 부정선거문제, 어떻게 다룰 것인가?

현재 총선 후 부정선거가 있었으냐 없었느냐 등을 둘러싸고 갈등이 있다.

2023년 10월 월간조선의 여론조사를 보면 "선거 조작이 있었을 것" 38.2%, "선거 조작이 없었을 것" 48.9%이다. 국정원의 보안감사로 "해킹 가능성이 있다"는 결론을 본 후 부정선거 가능성을 인정하는 비율이 높아졌다.

나는 기본적으로 좌파세력의 사상적 특성을 고려할 때, 좌파세력이 개입 가능하다면 부정선거 가능성은 늘 존재한다고 생각한다. ▷레닌이 말했듯, 좌파세력은 '정권을 잡을 수 있다면 어떤 불법도 가능하다'는 관념(법은 지킬 대상이 아닌 파기대상)을 가지고 있고, 실제로 좌파세력의 선거부정행위 사례들이 많다는데 있다. 실례로, 2012년 4월 총선 때 통진당 비례대표 선출과정에서 광범한 온라인 부정투표사건이 발생했고(5명 구속), 문재인과 관련된 선거부정 사례로는 2017년 대선 때 일어난 드루킹사건, 2018년 지방선거 때 있었던 울산시장 청와대 개입사건 등이 있다. 특히 2020년 4.15총선 때 곳곳에서 부정선거 시비가 있어, 선거소송이 봇물을 이루었는데, 선관위는 물론 검찰, 법원이 수사 및 재판, 진실규명을 거의 외면했다. 그러면 이번 총선에서도 부정선거가 있느냐의 문제인데, 나는 부정선거 가능성이 있다고 인정하면서도 어느 것이 부정선거 근거인지는 정확히 잘 모르겠다. 앞으로 진지하게 부정선거 문제를 관심을 가지고 견제하고 진실을 파헤치는 노력을 계속해야 한다고 본다.

다만 이 시점에서 말하고 싶은 것이 있다.

첫째, 부정선거 주장자들과 부정선거 부정론자들간의 심각한 갈등이다. 총선과정에서도 부정선거 주장자들은 부정선거 부정론자들과 심각하게 말다툼하는 것을 자주 목격했다. 같은 우파운동가들임에도 불구하고 선거부정을 인정하지 않으면 마치 '배신

자, 사이비 애국자'로 몰아 상대방의 자존심을 건드려 얼굴을 붉히는 일도 자주 있었다. 이러한 일은 우파세력의 내분을 초래하고 단합을 저해하는 일이다.

둘째, 부정선거만 없으면 총선에서 이긴다는 환상이다. 부정선거 주장자들은 "부정선거 못 막으면 모든 것이 소용 없다'며 온통 그 운동에 몰입하는 경우를 많이 보았다. 그러한 부정선거 주장자들의 답답한 마음은 이해한다. 그러나 부정선거만 막는다고 선거에서 이기는 것이 결코 아니다. 실제로 총선 전 여론조사를 종합해보면 3월초 이종섭 사태 이후 좌파의 총공세가 있었고, 3월 중순 지지율 역전이 일어났고, 3월 하순 지지율 격차가 더 커졌다. 부정선거 요소를 빼더라도 참패할 수밖에 없었다는 점을 인정해야 한다.

셋째, 이것은 좀 조심스러운 부분이다. 부정선거를 막으려고 노력하는 많은 전문가들과 단체들이 어려운 가운데 증거를 찾고 비판하는 애국심에 존경을 표한다. 그리고 여러 어려움이 많다는 것을 인정하면서도, 좀 부탁드리고 싶은 것이 있다. ▷단체들 간에 정보를 공유하면 어떨까? ▷선관위, 정부 등도 긍정할 수 밖에 없는 핵심 증거와 요구를 정리해 국민들에게 알리면 좋겠다. ▷단체별로 서로 다르고 검증되지 않는 주장들을 무분별하게 하면 부작용이 크다는 점을 알았으면 한다. 이로 인해 소송을 당하거나 국민들의 신뢰를 잃기도 한다. 심지어 부정선거론자들 전체가 맹목적인 사람으로 치부당할 수 있다는 점이다.

넷째, 우파사상운동을 하면서 항상 느끼는 건데, 한쪽에 깊이 몰입하면 삶의 균형성이 깨지는 부작용이 있다. 이런 측면을 생각해서 균형성이 깨지지 않도록 전체를 보면서, 애국활동을 했으면 좋겠다.

〈8〉 검찰, 경찰, 국정원, 방첩사 등 방첩기능의 일원화

검찰, 경찰, 국정원, 방첩사령부 등 안보기관들의 장애상태가 심각하다. 개별 기관의 한계를 뛰어넘을 수 있도록 합동수사본부 등 연대연합시스템을 구축하는 등 운영의 묘를 살리는 것은 어떨까 한다.

그간 문재인정권은 대한민국 체제수호 장치를 집중적으로 파괴했다. 북한과 종북세력이 오랫동안 집요하게 노렸던 국정원 해체, 국가보안법 폐지 등을 사실상 이룬 것이다. 문재인정권은 국내정보 폐지 등 집요하게 국정원을 무력화한 데 이어 간첩수사권마저 박탈했고, 검찰의 기능 무력화를 위해 검찰수사권을 완전박탈(검수완박)하려 하기도 했다. 게다가 군 방첩기관인 기무사도 해체했고, 경찰을 장악하기 위해 좌파장악 장치 확보(자치경찰제 등) 등을 제도화하기도 했다. 이로 인해 대한민국의 안보장치는 장애상태에 있거나 작동불능 상태에 있다.

더불어민주당이 절대 다수의 의석을 차지하고 있는 상황에서 이를 복원하는 것은 불가능하다. 그래서, 운영의 묘를 살리는 방법으로 대안을 마련할 필요가 있다. 다양한 안보기관이 합동수사 등 긴밀한 협조관계를 구축하는 것이 좋겠다. 개별적으로 활동하기보다 수사기법 확산 등 시너지 효과를 낼 수 있기 때문이다. 국정원의 간첩수사 역량이 사장될 위기에 처해 있는데, 경찰, 검찰과 합동수사를 통해 활용성을 높이고, 경찰의 안보수사 역량도 높일 수 있다. 또한 간첩, 좌익사범 수사의 경우, 고도의 보안성이 요구되는데, 경찰은 공개조직이어서 보안성에 취약한 점이 많다. 합동수사기구를 통해 수사할 경우, 보안성이 강화되지 않을까 생각된다.

그리고 합동으로 할 때, 단일기관보다 기관장과 직원들의 심리적 부담이 줄어들 수 있고, 좌파세력의 공세에 방어하기가 보다 용이할 수 있다.

〈9〉 진보당에 대한 위헌정당해산 심판

최근 우파진영에서 진보당 위헌정당해산 심판청구를 위한 국민운동을 시작했다. 진보당이 과거 통진당 후신으로서, 해산되어야 마땅한 위헌정당이라는 것이다.

통진당이 어떤 당인가? 종북정당으로 평가된 민노당이 2012년 총선을 앞두고 국민참여당(노무현세력) 등을 끌어들여 확장한 정당이다. 통진당을 주도한 세력은 이석기 경기동부연합으로서, 일심회 간첩단 등과 연계된 간첩종북세력이라고 할 집단이다. 통진당은 국가보안법 철폐, 미군철수 등 북한의 노선을 충실히 따르는 종북정당이었다. 더욱이 통진당 주도자 이석기는 2013년 5월 있었던 RO사건으로 인해 구속되었는데, 북한군이 남침하면 협조해서 대한민국 기간시설 폭파, 인명살상 등을 논의한 것으로 드러난 때문이다. 이의 영향으로 통진당은 2014년 12월 헌법재판소에서 위헌정당으로 해산되었다.

법상 위헌정당으로 해산된 정당은 유사정당을 만들지 못함에도 불구하고 문재인정권을 거치며 민중당을 거쳐 진보당으로 부활했다. 진보당은 2024년 4.10총선에서 더불어민주당의 도움을 받아 3명의 국회의원을 보유한 정당이 되었다. 이 진보당은 총선공약도 상속세 90% 등 헌법상 도저히 수용할 수 없는 주장을 하고 있다. 이제 국민들이 이러한 위헌적 정당이 버젓이 제도권 정당으로 활동해도 되는지 헌법적 판단을 받도록 요구해야 한다. 정부도 적극적인 헌법수호 의지가 필요하다.

진보당을 이렇게 만든 장본인은 바로 더불어민주당이다. 더불어민주당은 이번 총선에서 더불어민주연합이라는 비례정당을 만들었는데, 여기에 진보당을 포함함으로써 진보당이 2명의 비례대표가 당선되도록 배려했다. 또한, 더불어민주당은 진보당 후보가 출마한 울산 북구에 후보를 내지 않음으로써, 진보당 후보가 당선되는데 기여했다. 더불어민주당은 2023년 4월 전주을 보궐선거 때도 후보를 출마시키지 않음으로서 진보당 강성희 후보가 당선되도록 지원했다. 이미 민주당은 2012년 총선에서도 통진당과 야권연대를 해 통진당이 국회의원 13명을 당선시키는데 크게 기여한 바 있다. 이 두 정당은 점점 더 운명공동체처럼 엮여져 가고 있다.

더욱이 이재명 대표는 2010년 성남시장 당선 때부터 민노당과의 야권연대(민노당 김미희 후보 사퇴) 덕분으로 당선된 바 있다. 이후 이석기 경기동부연합과 동지적 관계를 맺고 정치적 행보를 함께 했다. 통진당세력은 이재명의 도움으로 더불어민주당 속으로 대거 진입해 현재 더불어민주당을 좌지우지하는 주도권을 행사하고 있다는 평가다. 더불어민주당은 총선 이후 점점 더 민주정당의 모습은 사라지고 전체주의 정당 모습으로 변질되고 있다.

더불어민주당은 당강령 등 외형적 주장과 달리 문재인정권 때 드러냈던 헌법개정안, 각종 법률안, 정책, 종북세력과의 연대관계 등이나 이재명대표 때 발의해온 법안, 정책, 당내 종북성향 인물 대거 진입, 종북세력과의 연대관계 등을 고려할 때, 점점 더 자유민주주의 대한민국의 헌법에 위배되는 위헌정당성을 보이는 방향으로 변질되고 있지 않나 하는 느낌을 지울 수 없다.

(3) 우파정당은 무엇을 해야 하나?

우선 지난 총선의 참패를 되돌아보며 국민의힘이 어떤 정당인지, 지금까지 어떤 행태를 보여 왔으며, 어떤 결과를 낳았는지 냉정하게 되짚어 보아야 한다. 그래야 이번 참패를 딛고 정권재창출을 할 수 있는 것이다.

〈1〉 우파정당의 심각한 고질병

① 선거 때 중도 확장을 하는 게 유리하다며 공천과정에서도 우

파인물들을 내치고 중도론자나 전향자들을 우대하는 경향이 강했다. 그런데, 엄밀히 보면, 우파-좌파 대결에서 완전한 중도론자들이란 존재하기 힘들다. 중도그룹도 두 그룹으로 나뉠 수 있는데, 우경세력은 우파에, 좌경세력은 좌파에 속하기 때문이다. 그러니까 좌파세력은 좌익세력과 중도 내 좌경세력을 포함하고, 우파세력이란 우익세력과 중도 내 우경세력을 포함하기 때문에, 좌파-우파 프레임에서는 중도가 별도로 존재하기 힘든 것이다. 더욱이 정당간 치열한 대결이 극심한 우리나라의 경우, 부동표가 극히 적다.

그런데도 국민의힘이 우파를 버리고 있지도 않은 부동표를 찾아 나선다는 것은 잡을 수 없는 무지개를 쫓는 것처럼 허망하다. 우리 편으로 오지 않을 유권자들에게 구애하다가 정착 우리 편을 낙망케 하는 것이다. 이러한 행동은 우리 진영의 사기를 떨어뜨리고 분열시키는 것이며, 결국은 적을 이롭게 하는 행위다.

이번 총선에서도 국민의힘은 훌륭한 우파진영 인사들이 있음에도 불구하고 이들을 철저히 배제했다. 더불어민주당 등 좌파진영에서는 종북활동, 촛불광장투쟁 등을 한 선수들을 비난을 무릅쓰고 공천해 총선 이후 윤석열정권 퇴진투쟁을 준비한 것과 대비된다.

② 공천과정에서도 다선의원들을 어떻게든 떨어뜨리려고 작정하지 않았나 싶다. 자신의 오랜 지역구를 버리고 험지로 가라고 요구한 것은 나름의 이유가 있겠지만 이를 거절하지 못하도록 강요한 측면이 있다. 아무리 중진이라 해도 1달 남짓 남았는데 지역을 바꿔 출마해 어떻게 이길 수 있겠나. 좌파처럼 지역조직, 시민조직 등이 탄탄해도 될까 말까인데 말이다. 어떻게든 많이 당선하는 게 절대적으로 필요하다는 것을 인식했으면 좋겠다. 지역구 관리를 잘한 이점을 무시하지 않는 공천시스템을 구축해야 할 것이다.

③ 선거과정에서 후보자의 과거 발언이 문제가 될 경우, 방어하기보다는 바로 내치는 폐습을 빨리 버려야 한다. 이번 총선에서도 도태우, 장예찬 후보를 과거 발언을 빌미로 신속히 공천 취소한 것도 그런 폐습이 도진 것이다. 지난 21대 총선에서도 차명진 후보가 5.18 발언으로 공천 취소당한 바 있고, 2022년 6월 지방선거 때도 김진태 강원도지사 후보가 과거 한 5.18 발언으로 공천 취소됐다가 사죄한 후 겨우 살아난 일이 있다.

이러한 폐습은 국민의힘의 전투력 약화로 이어진다. 당 지도부가 이런 식으로 까마득한 과거의 특정 언행을 가지고 공천을 탈락시킨다면 누가 애국운동을 할 것이며, 누가 살아남을 수 있나? 그래서, 좌파 국회의원들은 어떤 말이라도 막 하는데, 우파 국회의원들은 아무 말도 못하는 것이다. 그렇지 않아도 사상투쟁 능력이 떨어지는데, 말까지 못하게 하니, 어떻게 그들을 이길 수 있겠는가?

④ 좌파정당은 함께 투쟁하면서 생긴 동지애를 중시하는데, 우파정당은 동지애를 중시하지 않는다. 동료를 일회용품으로 생각하는 듯하다. 필요할 때 쓰고 필요 없으면 버리는 일회용품. 쓰다가 버려도 또 다른 정치희망자가 얼마든지 있다고 보기 때문일 것이다. 기막힌 고질병이다. 올바른 전사가 만들어지는 데 수십 년 걸린다는 사실을 왜 모르는가?

이런 고질병을 생각하다 보면, 전에 들은 슬픈 이야기가 생각난다. 한나라당 당료였던 분이 한 말이다. 오랫동안 당에 있으면서 당의 특성을 비유를 들어 설명했다. "마차를 타고 달려가는데, 뒤에는 하이에나 떼가 집요하게 따라붙는다. 그러면 하이에나 떼를 마차에서 떨어트리기 위해 누구를 던져 줄까 살펴보다가, 한 사람을 잡아 던져 준다. 하이에나들이 그 사람을 물어뜯는 사이 마차는 도망간다. 하이에나들이 다시 마차 가까이 따라붙으면 또 한 사람을 던져 준다. 그렇게 하다 보니, 마차 안에는 더 이상 던져 줄 인물이 없어진다는 것이다"는 것이다. 참으로 적절한 비유인 것 같았다.

집요하게 달려드는 좌파들에게 던져진 인물에는 이승만 대통령, 박정희 대통령도 있을 것이다. 가장 대표적인 인물은 전두환 대통령일 것이다. 광주의 한 거리투쟁 현장에서 전두환 대통령 청동상을 만들어 놓고 서로 슬리퍼로 때려 머리에 금이 가는 수모를 당하고 있는데도 아무도 제지하지 않는다. 전두환 대통령은 이미 좌파들에게 던져준 인물이니까. 그는 사후에 무덤에도 묻히지 못하고 집에 유골로 모셔져 있다. 이명박 대통령, 박근혜 대통령도 좌파들에게 던져진 인물이다. 이번 선거 때 도태우, 장예찬도 하이에나에게 던져준 인물이 아닐까. 좌파들은 하이에나 떼가 달려들 때 어떻게 할까? 끝까지 엄호하고 힘을 합해 물리친다. 그렇게 문제 많은 이재명, 문재인을 엄호하는 모습을 보라. 우파세력은 이제 윤석열, 한동훈도 하이에나 떼에게 던져줄 판이다. 그러면 남는 인물이 과연 있을까?

⑤ 우파정당은 공약이나 정책을 제시할 때, 좌파세력이 어떻게 활용할지 검토도 없이 졸속으로 발표하거나 남발하는 폐습이 있다. 좌파정당에서 제안한 것을 사상적 검토 없이 수용하는 것도 포함한다. 이러한 폐습은 우파정당의 사상적 무지의 산물이다.

예를 들면, 새누리당 박근혜 후보 측이 2012년 12월 대통령선거를 앞두고 '기초자치단체장(시장, 군수, 구청장) 정당공천제 폐지'를 대선공약으로 내세운 것을 들 수 있다. 이 공약은 좌파진영에서 주장한 것인데, 이것을 새누리당 쪽에서 받아들인 것이다. 정당공천제 폐지를 주장한 측은 '지방행정이란 풀뿌리 주민밀착 행정인데 중앙정치에 예속되면 안 된다.', '국회의원들이 시장, 군수, 구청장 등 기초자치단체장 공천장사를 하기 때문에 지방행정의 부패 온상이 된다' 등의 그럴듯한 명분을 내세웠다. 그러자 박근혜 후보 측이 도덕, 명분에 주목해 대선공약으로 채택한 것이다. 박근혜 후보측은 당선된 후 지속적으로 실행하려고 했으나, 반대론도 만만치 않아 2년 만에 없었던 것이 되었다. 만약 이 공약이 2014년 지방선거 때부터 시행이 되었더라면 전국 기초자치단체장들이 좌파일색으로 변했을 것이다. 왜냐하면 2010년 교육감선거에서 정당공천제를 폐지한 후, 전국 대부분 시도교육감이 좌파 일색으로 바뀐 것에서 알 수 있다. 우파진영은 후보 난립으로 표가 분산되는데 반해 좌파진영은 좌파단체들의 강력한 중재로 항상 단일후보로 출마하기 때문이다. 우파진영은 난립 후보를 단일화하기 위해 부단히 노력했지만 대부분 실패로 돌아갔고, 좌파교육감 편중 문제를 아직도 해결하지 못하고 있다.

더욱이 2010년 지방선거는 지방자치단체들이 본격적으로 좌경화하는 분기점이었다. 특히 박원순 서울시장이 2011년 보궐선거로 당선된 후, 마을공동체, 협동조합 등 좌파 지방조직과 좌파 활동가들을 양산하는 정책을 추진한 결과, 서울을 넘어 전국 자치단체로 급속하게 확산했다. 이런 가운데, 2014년 지방선거 때 기초자치단체장 선거가 정당공천 없이 이루어졌다면, 시 · 군 · 구 자치단체 대부분이 좌파 마을활동가들의 적화 진지로 변모했을 것이다.

앞으로 우파정당은 어떤 정책이나 제도를 공약으로 내세울 때, 피상적인 명분만 보지 말고 좌파세력의 악용 가능성 등을 다각도로 분석하는 것이 필요하다.

〈2〉 국민의힘, 당정체성부터 확립하라

우파정당의 문제를 살펴보자. 다음 대선에서 종북정권의 창출을 막고 우파정권 재창출 즉 우파재집권을 이루려면 무엇보다 중요한 것은 좌파정당을 제압할 수 있는 역량을 갖춘 우파정당을 만드는 일이다.

국민의힘은 거대한 좌파 야당들의 틈바구니 속에서 힘겹게 싸우는 유일한 우파정당이다. 이 우파정당을 어떻게 전투력을 가진 이념정당을 만들어 다음 대선에서 승리케 하느냐가 관건이다. 이러한 과업을 성공시키기 위해서는 먼저 우파정당의 문제점을 분석해 보아야 한다.

몇 년 전 당의 한 중진의원을 만났다. 마을좌파세력이 대한민국 하부를 장악해 적화해 가고 있는 심각한 현실을 말했다. 그랬더니, 놀라며 "도대체 우파는 뭐하는냐?"라고 말했다. 좌파가 이런 집요한 노력을 하는데 민간 우파세력은 뭐하느냐는 의미였다. 그래서, 나는 "좌파의 마을장악을 저지할 가장 중요한 진지는 바로 우파정당입니다."라고 말했다. 사실 국민의힘은 더불어민주당, 진보당 등 좌파정당들은 좌파 마을활동가들이 지지기반을 넓힐 수 있도록 법률, 조례를 만들어주고 예산, 행정 지원을 하는 등 후원하고 있다는 사실을 알아야 한다.

우파국민들이 국민의힘에게 가장 실망하는 것은 무이념성이다. 원래 정당은 지향하는 이념성을 가져야 한다. 정당이란 자유민주주의, 공산주의 등 특정 이념을 공유하는 정치적 결사체이며, 선거에 참여하여 후보를 내고 이념에 맞는 정책을 제시한 후, 국민들의 지지를 얻어 집권하면 그 방향으로 국정을 이끌어가는 정치집단이다. 그러므로 정당이 추구 이념이 없다는 것은 정당이기를 포기한 것이고, 정치몰이배라는 의미다.

그런데, 국민의힘의 가장 큰 문제점은 추구하는 이념적 지향성을 상실했다는 점이다. 국민의힘은 1948년 대한민국을 건국하고 6.25전쟁을 막으며, 산업화에 성공한 위대한 역사를 이룬 자랑스런 주역 정당이며, 반공적 자유민주주의를 수호해온 정당이다. 이 정당이야말로 세계가 부러워하는 선진국을 만들어 낸 정치주역 정당이다. 그런데, 어느 틈엔가 태어나서는 안 될 정당, 못난 정당, 사라져야 할 극우정당으로 매도당하고 있다. 종북세력, 좌파 정당으로부터 얻어맞고도 항의 한 번 못하고 도망만 가는 겁쟁이 정당 모습이다. 어떻게 하다가 이런 어설픈 정당이 되었을까? 그 정당 지도부는 물론 당원들까지도 이 당의 추구하는 이념과 가치가 뭔지 잃어버렸기 때문이다. 찾으려고 노력도 하지 않는다. 어떻게 하다가 이런 무이념 정당이 되었을까?

가장 대표적인 것이 당의 교육기관을 없앤 점이다. 2002년 국민의힘 전신인 한나라당은 당 교육기관인 천안연수원을 팔아 국고에 반납했다. 왜 그랬을까? 당시 박근혜 대표는 '차떼기당사건'(좌파의 매도프레임)으로 당 이미지가 크게 추락하자, 놀라서 이를 쇄신하기 위해 천막당사로 옮기고 천안연수원을 팔아 국고에 반납했다. 물론 이미지 개선이야 되었겠지만 당 연수원을 없앤 것은 치명적인 실수다. 천안연수원은 국회의원들은 물론 전국에 있는 당원들을 불러모아 교육시키는 당 정체성의 산실이었다. 천안연수원은 침대가 800개가 넘었는데, 3박 4일 연중무휴로 돌려 연간 15만명 정도를 당원교육을 시켰다고 했다. 엄청난 숫자다. '우리 당의 이념은 자유민주주의다', '현재 북한의 위협은 이렇다', '현 대한민국 정세는 이렇다' 등 다양한 국가와 당 정체성을 가르쳤고, 이들을 가르치는 교수진들도 포진되어 있었다. 당원들은 교육을 받은 후 마을로 돌아가 교육받은 내용을 이웃들에게 전파했다. 모든 당원들은 같은 내용의 교육을 받음으로써 동일한 당 정체성을 탑재했고, 일사분란한 행동통일이 가능했다. 당원들의 입을 통해 전국 마을로 당 정체성이 확산되었다.

어쨌든 천안연수원을 없애자 당원들의 머리 속에서 당정체성이 사라지기 시작했다. 교수도 사라졌고, 당은 무이념의 정당으로 추락해 갔다.

이런 탓으로, 우파정당은 무능한 정당으로 급격히 몰락해 갔다. 과거 국민의힘의 전신인 공화당-민정당-민자당-한나라당은 당 조직력이 막강했고, 그래서 조직선거를 할 수 있었다. 당시 야당은 조직력은 부족했기 때문에 바람선거에 의존했다. 그런데 지금은 야당이 조직선거, 바람선거를 다 할 수 있는 역량을 갖춘데 반해, 여당은 조직선거도, 바람선거도 못하는 무능한 정당이 되고 말았다. 당 정체성 상실이 가져온 결과였다.

이렇듯, 정당의 교육기관 상실은 마치 군인들을 훈련하는 논산훈련소를 없앤 것과 다름없었다. 장정들이 입대하면 훈련을 시키지 않고 바로 자대로 배치하는 것과 같았다. 그러므로 모든 부대들이 오합지졸로 변하는 것과 같다. 모든 국회의원들, 지방의원은 물론 모든 당협조직들도 오합지졸이 될 수밖에 없다.

나는 몇 년 전 미래통합당(국민의힘 전신) 당협 행사에 강사로 초청받고 간 일이 있다. 300여명의 당원들이 모인 곳은 강당이 아닌 소나무밭이었다. 곳곳에 옹기종기 모여 있는 사람들은 모두 70대 이상이었다. 1시간 강의해 달라해서 갔는데, 10분 만에 끝내달란다. 그래도 그곳은 외부강사를 초청했지만 다른 곳은 당협위원장이 스스로 강의하고 끝낸다고 한다. 정치학교가 사라진 우파정당의 리얼한 모습이다.

이렇게 하여 국민의힘은 정체성을 상실한 무이념 정당으로 전락하고 오늘날 좌파세력에게 놀림감이 되는 신세가 된 것이다. 대통령이나 국회의원도 자체적으로 양성하지 못하고 항상 남의 아들을 양자로 들이는 불임정당이 되고 말았다. 당 정체성을 살리자고 하면 마치 극우세력인 것처럼 죄책감을 느끼는 당이 되고 말았다. 당의 생명이 다했다는 뜻이다. 국회의원, 지방의원, 보좌관, 당료 모두 당 정체성교육운동을 받아 강력한 정치군대로 재탄생해야 한다.

국민의힘에는 정체성을 잃은 국회의원들이 많은데, 그 까닭은 무엇인가? 국회의원 충원과정에 문제가 있었다. 더불어민주당과 국민의힘은 2000년 이후 새로운 정치신인들의 충원과정을 완전히 반대로 했다. 민주당은 2000년 4월 총선 전 '새피 수혈'이라는 명분으로 신진들을 국회의원 후보로 공천했다. '새피 수혈'이란 젊은 사람들을 당에 넣는다는 의미인데, 그런 명분 하에 끌어들인 사람이 바로 임종석, 이인영, 우상호 같은 종북 주사파들이다. 그랬더니 국민의힘 전신인 한나라당은 "야 저쪽에서 '새피 수혈'한다는 데, 우리도 새피 수혈하자"며 국가관이 투철한 중진 다선의원들을 배제하고 사상이 혼미한 스펙 좋은 젊은이들을 집어넣기 시작했다. 그러기를 15년 이상하면서, 자기 당 대통령을 스스로 탄핵하는 자살사건까지 발생한 것이다. 또다시 자당이 배출한 대통령을 탄핵하는데 동조하는 자살사건이 또다시 발생할까 우려스럽다.

당 정체성을 회복하지 않으면, 자당 대통령이나 국회의원을 배출할 수 없다. 마음에 안 들면 또 버리고 길거리에서 후보자를 주어오거나 적진에서 빌려오는 넝마 행세가 다시 나타날 수 있다. 이런 것이 반복되면 결국 이 당은 설 자리를 잃고 소멸로 갈 것이다. 이제 한계까지 왔다고 본다.

북한, 중국 등 공산국가들은 공히 가장 공산주의 사상에 투철한 인물들을 선별해 공산당에 입당시키고 이들을 국가조직들(행정기관, 사법기관, 군조직가지)에 파견해 통제하고 이끌어가는 방식으로 국가를 운영한다. 국가를 이끌어가는 공산당은 철저히 공산주의 사상과 노선에 충실한 사람들을 끌어들이고 지속적인 교육훈련을 통해 철저히 당이 하나가 되도록 만든다. 이러한 노선의 영향을 받은 우리나라 좌파정당들도 그런 전통에 따라 당의 사상 노선에 충실한 사람들을 충원하고 당 노선에 충실하도록 만든다. 진보당은 물론 더불어민주당 등도 철저히 사상적 투철성을 가진 사람들을 중심으로 운영한다.

그런데, 국민의힘 등 우파정당은 사상과 노선에 충실한 사람들을 공천하지도 않았고, 종북좌파 정당들과 싸울 생각도 하지 않고 있다. 앞으로 우파정당, 중도정당들은 현 정세가 종북세력과의 체제전쟁 상황임을 분명히 인식하고 철저한 당 정체성 교육을 통해 자유민주주의 이념정당, 전투적 정당으로 변신해야 할 것이다.

〈3〉 체계적인 정치학교를 운영해야 한다

국민의힘의 가장 큰 문제점은 제대로 된 교육기관이 없기도 하지만 제대로 된 교육과정이 전무한 점이다. 그러니, 당 소속 중앙당 간부, 국회의원, 지방의원은 말할 것도 없고 국회의원 보좌관, 당료, 지방 당협위원회 간부들까지 제대로 된 정치교육을 공유한 바가 없다.

따라서, 국회의원 보좌관을 채용할 때, 정치력이 있는 우파 성향

대상자가 없어 좌파정당 출신 보좌관들을 채용하는 경우도 상당하다. 그래서 당 내부의 정보가 좌파정당에게 줄줄 새는 것이다.

나는 평소부터 우파정당에서 보좌관의 양성과정이 없는 것을 심각한 문제로 보았다. 국회의원 1인당 8명, 인턴까지 포함하면 9명의 보좌관을 둘 수 있는데, 국회의원이 100명이면 보좌관이 900명이고, 국회의원이 200명이 되면 1,800명의 보좌관이 필요한 것이다. 이 보좌관이 국회의원 밑에서 정치실무를 담당하며 당을 사실상 이끄는 기반이다. 국회의원이 일일이 법조문 연구, 메시지 관리, 조직관리, 정보관리 등을 할 수 없기 때문에, 보좌관이 이를 뒷받침하는 것이다.

나는 2020년 총선을 앞두고 어떤 우파시민단체와 함께 우파정당 보좌관 및 선거운동원 양성을 위한 정치학교(50시간)를 설계하고 실시해 본 경험이 있다. 정치학교는 교육생들에게 대한민국의 정체성 교육과 함께 좌파세력의 실체 및 선거전략전술, 나아가 선거법 등 선거실무 강좌, 후보등록방법 등 실무까지 교육했다. 5일간 매일 10시간씩 강행군을 했는데, 열기가 뜨거웠다. 워낙 호응이 좋아 추가강의를 했고, 150시간까지 들은 수강생이 있을 정도였다. 이 정치학교가 호응이 좋았던 것은 강사 선정과 과목 설계가 좋았기 때문이다. 기존의 특강형태가 아니고 집중 심화교육 방식이었다.

이러한 정치학교 운영은 정치에 관심이 많은 청년세대를 우군화하고 지지도를 넓히는 길이고, 당의 이미지를 개선하는 지름길이다. 그리고 우파국민들의 역량을 강화하는 길이기도 하다.

〈4〉 우파정당, 좌파세력의 프레임전에 말려들지 말아야

우파정당은 종북좌파세력의 프레임전 등 전략전술에 대한 이해부족으로 휘말려 주요 진지들을 거듭 빼앗겼다. 절대적으로 유리했던 우파정당은 불과 20여년만에 완전히 역전된 상황에 처하고 말았다. 박근혜 대통령도 종북 좌파세력의 최순실사태 프레임에 걸려 탄핵당하고 정권마저 빼앗겼다.

우파정당, 좌파세력의 프레임에 말려든 피해사례

좌파세력은 우파정당을 무력화하기 위해 다양한 방법으로 집중적인 공격을 해댔다. 우파정당을 향해 부패세력 프레임으로 공격하거나 수구꼴통, 극우세력 등 색깔론으로 공격했다. 이에 대해 우파정당들은 좌파들이 쳐놓은 프레임에 걸려 스스로 도덕적 잣대로 자기 우수 선수들을 쳐내고 당 정체성과 전투력이 있는 인물들을 하나씩 쳐내고 말았다. 그래서 이빨과 발톱이 없는 유순한 호랑이 사육장으로 변했다. 이렇게 무력한 정당이 된 것은 좌파세력의 프레임에 말려든 탓이다.

첫째, 부패세력 프레임에 말려든 사례이다. 좌파세력이 우파를 약화시키는 가장 좋은 방법이 윤리, 도덕적 잣대를 들이대는 방법이다. 좌파들은 어지간한 도덕적 잣대로는 꿈쩍도 하지 않는데, 우파들은 조그마한 도덕적 결함만 나타나면 바로 잘라버린다. 그한 인물이 만들어지는 것이 얼마나 어려운 일이고, 오랜 세월이 걸린다는 것을 망각한 채 약간의 결함만 보이면 제거해버린다. 이러한 우파의 약점을 알길래, 좌파들은 우파인물들의 과거 발언들을 찾기에 바쁘다.

좌파들이 한나라당에 대해 '차떼기당' 프레임을 걸자, 벗어나려고 천막당사로 옮기고 천안연수원을 팔아 국고에 반납하는 등 오버행동을 한 것이다.

우파정당이 지구당을 없앤 것도 같은 맥락이다. 지구당은 우파정당의 가장 튼튼한 하부 지역조직망이다. 지구당은 지방선거, 총선, 대선 등 선거를 할 때 유권자들을 끌어모으는 것은 핵심 조직기반이었다. 과거 공화당-민정당-민자당-한나라당 등 우파정당이 조직선거에 능했던 것도 이러한 지구당 조직이 탄탄했기 때문이었다.

좌파세력은 우파정당의 조직기반을 없애기 위해 지구당 폐지를 주장했다. 지구당은 돈 선거, 부패정치의 온상이라는 등 논리를 들이대면 우파정당들은 거부하지 못하고 수용했다. 우파정당, 좌파정당이 함께 지구당을 없애면 누가 더 큰 피해를 볼까? 우파정당이 치명타를 입는다. 좌파정당은 당 외곽에 우호적인 좌파단체들이 즐비하다. 그러나 우파정당의 강력한 조직력은 지구당 밖에 없었고, 협조적인 우파단체들은 없었기 때문이다.

이렇듯 정당의 팔다리인 지구당 조직을 폐지한 것은 우파정당을 무력화시킨 조치였다. 그 틈새에 좌파세력이 전국하부 정치조직망을 장악할 절호의 기회로 활용했다. 우파정치인들은 좌파세력의 교묘한 작전을 잘 모르고 '순진하게' 그들의 내세우는 '정치의 부패를 막고 깨끗한 정치'를 이루자는 명분에 속아 지구당 폐지에 동조, 스스로 당의 팔다리를 자른 것이다.

둘째, 극우정당, 색깔론 등 사상전 프레임에 말려든 사례이다.

좌파세력의 공세에 위축된 우파정당은 스스로 우파정당임을 내세우기보다는 우파정당임을 감추는 데 급급했다. 20여년 이상 국가정체성이 뚜렷한 인물을 공천하지 않고 중도실용론자, 전향자 중심으로 공천해 왔다. 사상에 대한 이해도가 높은 다선의원들을 지속적으로 밀어내며 사상이 모호한 신진정치지망생들을 지속적으로 유입해 당 정체성을 바꾸어 왔다. 그것도 신진교체 비율이 너무 높아 당 위기사태에 대처하고 이끌어갈 중심층이 없는 상태가 된 것이다. 국회의원 한 번도 하지 않은 이준석을 당 대표로 선출하고 거기에 휘둘린 것도 당의 중심 뼈대가 없음을 상징적으로 말해주는 것이다. 2024년 총선 직후 총선 패배원인을 찾는 총선 백서를 만들고 있는데, 다른 당에서 온 초선의원 출신이 맡고 있다는 자체가 이를 반증하는 것이다.

더욱 기가 막힌 사례는 스스로 우파정당임을 포기한 사례다. 박근혜 후보진영은 2012년 대선을 앞두고 당 이미지를 개선한다며, 당 재편작업을 수행했다. 당명을 한나라당에서 새누리당으로 바꾸었고, 당 색깔을 자유를 의미하는 파란색에서 피와 혁명을 의미하는 빨간색으로 바꾼 일이다.

특히 당색깔을 빨간색으로 바꾼 것은 보통 심각한 문제가 아니었다. 자유민주주의임을 감추고 좌파포장으로 교체한 것이기 때문이다. 이렇게 한데는 좌파세력의 집요한 '빨갱이' 색깔론 지우기(국민들 머리 속에 박힌)가 성공을 거둔 결과와 우파의 좌파 흉내내기 때문으로 보인다.

6.25전쟁 이후 1980년대까지만 공산주의 색깔인 빨간색은 금기의 색깔이었는데, 좌파세력은 이 '레드 콤플렉스'를 지우기 위해 집요하게 노력했다. 그 작전이 대성공을 거둔 것은 2002년 한일

월드컵이었다. 모든 국민들이 하나같이 붉은 티셔츠를 입은 '붉은 악마'가 되어 광장이나 대형TV 앞에 모여 4강 신화를 이룬 한국 축구단을 응원했다. 이로써 국민들 머릿속에 깊이 박힌 '붉은 색 = 빨갱이=나쁜 세력' 이미지를 깨끗이 지웠다. 좌파세력의 오랜 숙제 즉 가장 큰 적 하나를 제거한 것이다.

이 붉은 물결은 그해 11월 반미 촛불시위로 불이 옮겨붙었고, 노무현정권을 탄생시켰다. 이어 이명박 정부 출범 직후인 2008년 5월부터 3개월간 광화문광장을 붉은 촛불시위로 물들였고, 이에 겁을 먹은 이명박정부는 좌파세력과의 싸움을 포기하고 중도실용론 입장에 섰다. 당시 좌파세력은 기고만장했고, 우파세력은 기죽어 꼼짝 못하는 분위기였다. 이러한 가운데, 2012년 총선 대선을 앞두고 박근혜 대표는 당 이미지를 쇄신하기 위해 당 정체성이 모호한 새누리당으로 이름을 바꾸고 당색깔을 빨간색으로 바꾼 것이다. 이후 당 이름은 수도 없이 바꾸었지만 당 색깔은 바꾸지 않았다.

우파정당이 당 색깔을 '자유'의 가치를 가진 파란색에서 빨간색으로 바꾸자, 좌파정당인 민주당이 파란색을 차지해 버리고 말았다. 완전히 색깔론이 거꾸로 되고 말았다. 그래서, 요즘 좌파세력이 빨간색을 내세우는 광화문광장의 우파들을 향해 '광화문 빨갱이'라고 조롱하기도 한다. 참으로 엽기적이고 아이러니하다. 우파들이 좌파의 색깔인 빨간색(혁명, 피) 깃발을 들고 좌파들이 우익의 색깔인 파란색(자유) 깃발을 드는 것만 해도 이상한데, 빨간색 깃발을 든 사람이 자유의 색깔인 파란색을 깃발을 든 사람들을 향해 '빨갱이'라고 하니 웃음이 나지 않을 수가 없다. 개그도 이런 개그가 없다.

자유민주주의체제는 모든 국민들이 선거 등 정치에 참여하는 체제이다. 그런데 국민들 중에는 정치적으로 무지한 층이 많다. 그래서, 정당의 정체성을 상징하는 명칭, 색깔, 상징물, 기호 등을 내세우고 중요시하는 것이다. 그런데, 북한 공산주의(빨갱이)를 배척해야 할 정당이 스스로 붉은 깃발을 달고서 "공산주의=빨갱이"라고 비판하는 것이 얼마나 모순인가? 당 색깔을 정상으로 돌리자. 그래서 가짜 파란색을 달고 있는 민주당과 진검승부를 겨뤄야 한다. 누가 진짜 자유를 지향하는 세력인지 말이다.

국민의힘, 윤석열 퇴진프레임 효과적으로 대응해야

이번 22대 총선 이후 만들어질 국민의힘 지도부는 더욱 종북 좌파정당의 전략전술에 유념하여 이들이 치는 함정에 빠지지 않도록 해야 한다. 좌파정당들은 총선 이전 대통령거부권을 행사했던 법안들(노란봉투법 등) 재상정 통과, 채상병 특검법 통과, 김건희 특검 발의, 대통령 거부권 제한 원포인트 개헌 주장 등 다양한 공격 방법을 쓰고 있다. 이러한 공격의 1차 목표는 윤석열 대통령 퇴진시키는 것이다. 이 목표를 이루기 위해 대통령을 무력화, 흔드는 방법의 하나로 특검법 등을 활용하는 것이다. 진실규명이 목적이 아니고 흔들 수 있는 소재를 찾는 게 목적이다.

다수 정치논객들이 주장하는 것처럼 "떳떳이 특검에 응하라", "대통령 임기를 걸어라" 등 설익은 주장은 종북 좌파세력의 기만적 정치술수에 말려드는 함정이다. 신중히 접근해야 한다. 그런 조언을 받아들이면 늪지대에 말려들 수 있다. 악수를 하는 줄 알고 손을 내밀면 팔을 잡아 비틀고, 곧이어 몸통을 잡아 눕힐 것이다. 공산주의, 주사파의 술수에 대해 자유민주주의 방식으로 대하면 백전백패다. 이미 박근혜 퇴진과정에서 이미 당하지 않았나? 종북좌파와의 싸움에는 철저히 사상전으로 대응해야 한다. 그래야 대패를 면할 수 있다.

그러나 무조건 피하라는 뜻은 아니다. 윤대통령이 '김건희여사 가방사건' 해명처럼 대응할 명분과 논리, 국민설득 자신이 있을 때는 자신감 있게 밀어붙여 좌파세력의 의혹여론 만들기 예봉을 꺾어야 한다. 일단 공세를 취하면 모두 힘을 합해 대응해야 한다. 어떤 사건을 대응할 때도 사건 내용 자체를 해명하는데 그치지 않고, 좌파세력의 사상적 실체와 숨은 저의를 알리는 일을 게을리하면 안된다. 좌파의 공세 프레임에 끌려가며 수세적으로 대응하는 것이 아니고, 우리에게 유리한 역프레임을 걸어 역공을 취해야 한다.

그러므로, 좌파공세를 효과적으로 제압하려면 당정, 우파단체, 우파국민들이 각개전투를 하면 안된다. 당과 정부, 우파단체, 우파국민들 간 일치된 대응태세가 필요하다. 이런 때를 위해 공통의 전략전술을 제시할 합동참모조직이 필요하다. 그래서, 나는 당정, 우파단체, 우파국민 등 우파세력 전체가 같은 방향으로 나아갈 나침반 조직을 만드는데 힘을 기울이고 있다.

〈5〉 우파정당의 사상전, 결코 불리하지 않다

앞에서 보았듯이 한동훈 비대위원장의 운동권 청산론, 더불어민주당의 통진당화 비판 등 사상전쟁, 색깔논쟁이 결코 선거에 불리하지 않았고, 오히려 국민들을 깨우는 효과를 거두었다.

국민들은 통진당 후신 진보당이 합법정당이 된 것에 대해 매우 비판적이다. 총선 후 여론조사 결과가 이를 증명하고 있다. 진보당 지지율이 1%에 머물고 있다. 1%면 국회의원 1석도 못 얻는

게 당연하다. 그런데, 진보당은 더불어민주당의 후원을 받아 지역구 1석, 비례대표 2석을 획득했다. 국민들은 진보당을 극히 불신하고 있고, 2014년 12월 위헌 정당으로 해산된 통합진보당(이석기 세력) 후신으로 보고 있음을 의미한다.

2012년 총선 때도 통합진보당(통진당)의 실체를 잘 모르고 10.3%(220만표, 13석 당선)를 지지했으나, 총선 직후 일어난 통진당 내분사태로 간첩 종북세력임이 드러나자 지지를 철회, 2-3%로 떨어진 데서도 알 수 있다. 진보세력을 10%나 지지한 것은 통합진보당의 실체를 잘 몰랐기 때문이었다. 이들의 실체가 제대로 알려지자, 국민지지도가 대폭락한 데서 드러난다.

더욱이 2013년 5월 이석기 통합진보당 주도인물이 북한 남침에 호응, 내란을 선동하다가 들통난 RO사건이 일어나 구속되고, 그 여파로 통합진보당이 위헌정당으로 헌법재판소에 의해 해산되기까지 했다. 그런 통진당세력이 다시 진보당을 만들었다는 것을 국민들이 알기에 1%밖에 지지하지 않는 것이다. 국민들의 진보당 극혐 현상이 여전함을 의미하고, 아직도 사상전이 유효함을 입증하는 것이다.

그런데, 국민들이 진보당은 통진당 후신이라는 것을 잘 알고 있는데, 더불어민주당을 통진당세력이 스며들어 장악하고 있다는 사실을 까마득히 모르고 있다. 만약 모든 국민들이 극혐하는 통진당세력이 진보당만 장악한 것이 아니라 더불어민주당마저 장악했다는 사실을 안다면 충격을 받을 것이다. 더불어민주당은 진보당이 국회의원 3석을 차지하도록 호위무사 역할까지 했다. 그것을 알리는 것이 중요하다.

어설프게 정치적 공격을 하는 것이 아니고 진실로 그 실체를 알려준다면 더불어민주당도 통진당, 진보당과 같은 지지율 폭락 현상이 재현될 것이다. 종북세력이 주도하는 더불어민주당에 대한 색깔론, 사상전을 전개하는 것은 결코 불리하지 않을 것이다.

지난 총선 때 국민의힘에서 이조심판론을 캐치프레이즈로 활용했다. 이것은 정곡을 찌르는 사상전이 아니다. 이재명과 조국의 부도적성, 범죄자라는 프레임으로 공격한 인신공격성 프레임이자, 어설픈 색깔론이었다. 이미 조국과 이재명의 위법성은 온 국민이 다 아는 것이고 새로운 것이 없었다. "또 그 이야기냐?" 이런 반응이다. 그러나 민주당의 통진당화 등 진실에 기반한 정곡을 찌르는 사상전은 결코 불리하지 않았다. 오히려 지금 대한민국이 종북세력에 의해 적화되고 있는 것을 알렸다면 총선 전세는 달라졌을 것이다.

우파정당들은 이념투쟁을 매우 두려워하는 경향이 있는데, 이제 별로 두려워할 것도 없다. 과거에는 사상공격을 했다가 소송이 걸려 피해를 본 경우도 많았다. 2010년경만 해도 좌익이니 주사파라는 말을 했다가 "내가 왜 좌익이냐?", "내가 왜 주사파냐?"라며 소송을 걸어 1천만원씩 벌금을 낸 때도 있었다. 그러나 문재인정권을 거치며 완전히 달라졌다. 이제는 종북세력, 민주당의 통진당화 등 사상공세를 해도 진실에 입각한 것이라면 괜찮다. 과거 같으면 좌파들이 "종북몰이", "매카시즘", "극우세력", "색깔론" 등으로 역공을 취했었는데, 지금은 그런 것이 거의 없다. 역공을 취하기에는 너무나 명백한 근거들이 많고, 국민들에게 너무 많이 알려져 있기 때문이다. 이제 겁을 내지 말고 모든 대한민국세력이 그 사실을 국민들에게 널리 전파해도 된다는 의미다.

청년세대의 우경화, 좌경세대의 고립화 경향

우리나라는 6.25전쟁을 겪은 반공세대가 많이 돌아가시고, 공산주의를 모르는 세대가 많아졌다. 더욱이 1990년 전후 동구공산권이 무너지면서 반공교육을 하지 않아, 오늘날과 같이 공산화의 위협에 직면한 것이다.

그러나 다행스럽게도 각종 여론조사를 통해 보면, 노령세대는 물론 청소년세대 등을 중심으로 점점 더 반공정서가 커지고 있음을 알 수 있다. 문재인정권 이후 종북세력의 실상을 경험하고, 북한, 중국 등의 실체를 보면서 반공의식이 커진 탓이다.

김대중, 노무현 정부 때만 해도 청년세대들의 좌경성향이 심각했다. 2002년 12월 효순 · 미선 사건이 일어난 후, 육사 가입교생들도 "주적이 누구냐?"는 질문에 북한 33%, 미국 34%로 나타날 정도로 왜곡이 심했다. 2008년 광우병 사태 때는 더욱 극심했다.

그러나 20여 년이 지난 지금, 10대, 20대 청소년들의 우경성향이 급격하게 높아지고 있다. 각종 여론조사를 보면 10-20대가 60대 이상과 유사한 우경성향을 보이고 있다. 이는 북한에서 장마당세대(10-30대)가 친한성향, 우경성향을 보이는 것과 맥을 같이 한다.

최근 여론조사에서 나타난 특이점은 50대의 좌경비율이 좀 약해지면서 좌경비율이 압도적으로 높은 세대는 40대뿐이라는 점이다. 40대는 90년대 중반-2000년대 중반에 대학을 입학했고, 김영삼정권-김대중정부-노무현정부-이명박정부 시기에 대학을 다녔던 세대다. 김대중-노무현 정권 당시 반미 좌경성향을 가졌던 청소년세대들이 아직도 그 강력한 반미, 좌경성향을 강하게 유지하고 있는 것이다.

이들은 대학을 다닐 때 김대중정부 등장 후 전교조 합법화로 교실에서 노골적인 공산주의 사상교육을 받았다. 쉬리, 동막골, 태극기 휘날리며 등 좌경 영화들을 보고 자랐으며, 네이버, 다음 아고라 등 좌편향 정보가 봇물을 이루던 시기에 대학을 다녔다. 김대중, 노무현 정부 때 햇볕정책, 대북포용정책의 영향으로 북한정권에 대한 우호적 인식이 깊이 스며들었다. 이들은 대학시절 2002년 효순·미선 반미촛불시위, 2003년 노무현정부의 등장, 2004년 평택미군기지 이전반대 시위, 2005년 맥아더동상 철거시위, 2006년 한미FTA반대 시위, 2008년 광우병 반미촛불시위 등에 적극 동참했다.

또한, 호남에서도 반공정서가 늘어나고 있다. 2022년 광주에서 공산주의자 정율성 기념공원화 사업에 대한 여론조사 결과가 이를 잘 말해준다. 전라도 지역의 경우, 정율성 공원화 반대(43.7%)가 용인(32.9%)보다 11%가 더 높았다. 충청, 경기, 인천보다 반대 비율이 높았다. 반공의식이 상당히 높다는 의미다. 이러한 호남인의 반공여론으로 인해, 광주시에 있는 정율성 공원화가 무산되고 정율성이 다녔던 초등학교에 걸렸던 현수막도 사라졌다.

이렇듯, 우리나라는 6.25전쟁을 통해 형성된 반공 정서가 되살아나고 있는 듯하다. 공산세력이 낳은 잔혹한 역사가 있고, 아직도 북한에 2,500만 동포가 고통을 받기 있기 때문일 것이다. 반공 정치활동을 해도 충분히 승산이 있는 우호적 기반이 있다는 의미다. 정부나 당이 이를 외면해서 그렇지 제대로만 알려주면 국민들 모두 빠른 속도로 깨어날 수 있다.

〈6〉 진보-보수 프레임 해체해야

진보당, 더불어민주당의 사상적 실체를 알리는데 머물지 말고 근본적으로 '진보세력' 자체를 분해, 해체할 필요가 있다. 국민들은 진보-중도-보수 프레임에 속고 있기 때문이다.

나는 10여년 전 ROTC대학생들을 대상으로 강의를 하면서, '자신이 진보세력이라고 생각하는지, 보수로 생각하는지' 물어보았다. 60%가 진보세력이라고 답했고, 10%만이 보수라고 답했다.

'왜 진보라고 생각하는지'를 물었다. 학생들은 '진보가 좋은 것 아니냐?'는 반응을 보였다. 이 학생들이 진보세력이라고 답한 이유는 '진보'라는 단어 때문이었다. 진보(進步 : 나아갈 진, 걸음 보) 단어는 사전에 보면, '보다 좋은 상태로 변화하는 것' 등의 좋은 의미로 되어 있다. 그래서, 진보세력이란 세상을 보다 좋은 상태로 만들려는 '좋은 세력'으로 이해한 것이다. 보수세력에 대해서는 진보세력을 반대하고 대립하는 그룹이다 보니, '진보를 거부하는 수구꼴통'으로 이해하는 것이었다. 세상에 어떤 정치세력이 퇴보,

수구꼴통을 지향하는 세력이 있을 수 있나? 누군가가 그 세력을 매도하기 위해 만든 프레임이라는 것을 바로 눈치채야 하는 것이다. 보수세력은 수구꼴통, 퇴보세력이 아니다. 그들이 퇴보세력이라면 어떻게 나무뿌리 캐먹고 굶기를 밥먹듯이 해온 폐허의 나라를 그 짧은 시간 안에 세계 10대 선진국으로 발전시킬 수 있었다는 말인가?

그래서 학생들에게 다음과 같이 설명했다. "정치학적으로 볼 때, 진보세력이란 공산 · 사회주의자들을 말한다. 마르크스, 레닌, 스탈린, 모택동, 김일성 등 공산사회주의자들은 자신들을 진보세력이라고 불러왔다. 이는 자본주의를 멸망시키고 공산사회주의로 가는 것이 역사적 진보라는 마르크스 관념에 따른 것이다. 미국, 유럽 등 전 세계인들은 '진보세력=공산사회주의자들'이라고 알고 있는데, 우리 국민들만 잘 모르고 있다. 미국 사람은 진보세력이라고 말하는 자에게는 '사회주의자구나'라고 반응을 하고, 이들에 대해서는 진보세력이 아니라 '과격세력(radicals)'이라고 불러준다고 설명했다. 그리고 "사실 '진보세력-공산주의자,사회주의자'라는 개념은 우리나라의 좌파세력도 다 알고 있다. 그래서 종북정당들이 통합진보당, 진보당 등 진보명칭을 붙인 것도 김일성이 써온 '진보적 민주주의' 개념에 따른 것이다. 심지어 조국(조국혁신당 대표)도 2010년 진보집권플랜 책에서 진보세력이란 사회주의세력을 규정한 바 있다."고 했다.

이렇게 세계도 알고, 북한도 알고, 국내 좌파세력도 다 아는데, 우리 일반 국민들만 '진보세력=공산주의자, 사회주의자'를 의미하는 것을 모르고 좋은 세상을 만들려는 좋은 정치세력으로 오해를 하는 잘못을 저지르는 것이다.

그런 후, 학생들에게 다시 "자신이 진보라고 생각하는 사람은?"이라고 묻자, 아무도 손을 들지 않았다. "왜 들지 않느냐?"라고 했더니, "그런 걸 몰랐지요"라고 답했다. 5분 안에 일어난 대변화였다. 진보세력의 사상적 실체를 알리는 순간, 속아서 잘못 줄을 섰던 자유민주주의세력이 바로 탈출하는 현상이 일어난 것이다.

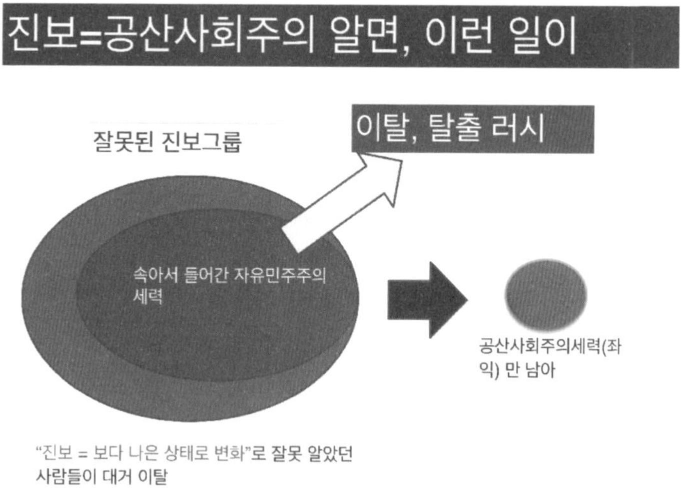

이들에게 다시 물어보았다. "자유민주주의 대한민국을 긍정하는 세력은 대한민국세력이다. 대한민국을 부정하는 세력은 반대한민국세력이다"라고 정의한 후, 어디를 지지하느냐? 그랬더니 모두 대한민국세력이라는 데 손을 들었다. 대한민국 수호세력에게 절대적으로 유리한 대세-반대세 프레임의 유효성을 확인했다.

대한민국의 체제위기를 극복할 묘안도 바로 이런 용어를 바로잡는 정명(正名)운동(정치용어 바로알기)에서 찾을 수 있다.

앞에서 '진보' 개념의 해악을 설명했지만 민주 평등 개혁 혁신 변혁 혁명 민족 통일 평화 자주 복지 등 좋은 용어들도 마찬가지다. 원래는 그런 의미가 아니었는데, 공산주의자들이 개념을 뒤틀어 이상한 공산주의 포장개념으로 만들어 버린 것이다. '민주'는 자유민주가 아닌 '인민민주'(프롤레타리독재, 좌파독재)를 의미하는 것으로 악용하고 있다. '개혁'도 자본주의체제를 개혁하여 사회주의-공산주의로 가는 체제개혁의 의미로 사용하고 있으며, 혁신, 변혁, 혁명 등도 다 마찬가지다. 민족도 대한민국 국민들이 북한을 포용하도록 하는 도구로 쓰고 있다.(우리민족끼리 등)

공산주의자들이 이렇듯 정상적인 용어를 공산혁명을 도구로 사용하기 때문에, 일반 국민들은 가짜 용어에 속아 실체를 혼동하는 것이다. 공산주의세력이 악용하는 용어를 제대로 알려주는 정명운동을 하는 것이다.

〈7〉 우파정당, 우파 버리고 중도로 가면 안돼

국민의힘은 이번 총선에서도 끝없이 중도 중도를 외쳤다. 중도론은 이명박 정부 이후 우파정당에서 굳어진 오랜 관행이자 정치 프레임이다. 이 프레임은 선거 등 대중들의 지지를 확장해야 할 때 필요하기도 하지만 정치전쟁 등 실제 전투를 해야 하는 상황에서는 오히려 패배를 자초하는 요인이다. 우파정당의 지지기반인 우파세력을 배제하고 중도를 붙잡는데 집중하는 것은 잘못이다.

총선 패배 후 국민의힘에서 총선 패배요인을 분석한다며 TF팀을 만들었다. 담길 내용에 대해, '왜 중도의 마음을 얻는데 실패했는가?'라는 항목이 있다고 했다. 이게 무슨 이야기인가? 총선에서 패배한 것이 중도를 잡는데 실패했기 때문이라면 대책은 당연히 우파를 배제하고 더 중도를 잡는 방향으로 기울 것임을 의미한다. 이번 총선전쟁의 실패 요인을 잘못 짚고 있는 것이다.

나는 결코 '중도론이 필요 없다'는 말을 하려는 게 아니다. 우파를 배제하고 중도론으로 기우는 것을 경계하는 것이다. 어차피 자유민주주의체제에서 선거는 다수의 유권자를 얼마나 많이 모으느냐에 따라 승부가 나는 정치게임이다. 그래서 좌파들도 중도표를 더 얻기 위해 온갖 사탕발림 포퓰리즘 정책을 펴는 것이다. 그러니, 우파들도 중도의 부동표 유권자를 끌어모으기 위한 온갖 노력을 할 필요가 있다. 문제는 정치전쟁, 선거전쟁을 치를 주력부대인 우파세력을 배척한다는 데 있다.

이번 총선에서 도태우, 장예찬 공천 취소를 한 후 어떤 일이 벌어졌나? '국민의힘이 우군정당 맞느냐?'는 말부터 '윤석열정권은 문재인세력 아니냐?'는 말로 이어졌다. 좌파정당은 아무리 비판거리가 있어도 공천취소를 잘 하지 않는데, 우파정당은 좌파진영에서 말실수 꺼리를 찾아 공론화만 시키면 당이 알아서 선수들을 낙마시키는 일을 자주 자행했다. 이 일이 있자, 분노한 우파세력은 분노하여 '아예 투표하지 않겠다'는 분위기 상당히 일어났고, 총선 패배의 중요한 요인으로 작용했다.

다시 정리하면 중도론은 필요하지만 우파를 버리고 중도를 잡으러 쫒아가는 것은 마치 집토끼를 버리고 잡힐지도 모르는 불확실한 산토끼를 쫒는 꼴이다.

이재명이 만든 『대한민국 혁명하라』라는 책에도 "중도는 실체가 없는 것"이라고 했다. 그는 "우리 정치권에서는 중도 확장론이라는 실체 없는 유령이 떠돌고 있다. 실체 없는 중도지역의 러브콜을 보내며 정체성을 포기한 채 왔다 갔다 하면 능력과 정체를 의심받을 뿐이다. 결국 유능한 진보임을 증명하려는 것이 승리의 길이다. 목숨 걸고 기득권과 전쟁할 의사나 용기가 있는가가 더 중요한 문제다."라고 말했다.

이것을 우파정당한테 적용하면 이렇다. '이제는 우파정당이 중도를 잡으러 왔다 갔다 하면 안 되고, 자유민주주의 우파이념을 국민들에게 제시해 국민들의 마음을 얻고, 그런 이념에 충실하고 좌파세력과의 사상전, 정치전쟁을 하는데 적극적인 의지와 용기가 있는 인물들을 중심으로 전투대형을 갖추어야 한다.' 내가 하고 싶은 것이 바로 그 말이다.

〈8〉 개헌 늪에 절대 빠지지 말아야

더불어민주당 등 좌파정당은 윤석열 대통령 탄핵보다 더 집요하게 노리는 것이 바로 헌법개정이다. 더불어민주당은 이미 2018년 2월 헌법개정안을 만들었다고 무산된 바 있는데, 이제 2024년 4월 총선을 통해 입법부를 장악하자, 이 호기를 이용해 국민의힘의 이탈자를 유도하면 헌법을 개정할 수 있다는 입장을 취하고 있다. 이보다 더 좋은 기회는 없다는 것이다.

그러면 어떻게 국민의힘을 헌법개정 협상에 나서도록 할 것인가? 만약 헌법개정 협상에 나선다면 더 없이 좋고, 일부라도 동조자가 생기면 가능하다고 보는 듯하다. 그래서 윤석열 대통령과 국민의힘이 선언한 틈을 이용해 헌법개정 협상에 나서도록 유인하고 있다. 4년 중임제 등을 고리로 헌법개정 협상에 나서도록 유도하고, 헌법개정 분위기로 몰아가기 위해 5.18 전문수록 원포인트 개헌 주장까지 주장하고 있다. 만약 이 주장을 받아들이는 순간 대한민국 정세는 개헌 분위기로 폭풍이 몰아칠 것이고, 결국 헌법 전체를 개정하는 분위기로 치달아 갈 것이기 때문이다. 개헌으로 가면 결국 윤석열 대통령 조기 퇴임, 조기 대선, 우파정권 종식, 대한민국 종말로 귀결될 것이다.

박근혜 대통령 퇴진투쟁이 일어난 것은 2016년 10.24 JTBC 최순실 보도 이후였다. 그 사건이 일어나기 1달 전인 9월에 만든 전국노동자정치협회라는 단체가 민노총에 제안한 문건을 입수했다. 핵심 내용이 무엇이냐 하면, "박근혜 정권 퇴진을 위한 전국 투쟁체 건설에 논의를 집중해야 한다"면서, "대선이 끝나면 박근혜가 제 발로 물러나는데, 퇴진투쟁이 무슨 의미가 있느냐?'라고 하는 경우가 있는데, 이는 의회주의적 인식(자유민주주의적 인식)의 산물이다. '(중간에 퇴진시켜야 하는 이유는) 박근혜가 안정적으로 임기를 마치고 권력연장을 도모하는 것을 막아야 하기" 때문이라고 주장했다. 그러한 입장에서 10월 말부터 집중적으로 공세를 취해 결국 박근혜 퇴진시키고 얼떨결 대선에서 문재인종북정권을 창출한 것이다.

마찬가지로 윤석열 대통령이 3년 뒤면 안정적으로 퇴임이 되는데, 이렇게 되면 우파정권 재창출이 될 수 있다. 이를 막으려면 반드시 중간에 퇴진시켜야 한다는 입장인 것이다. 중간에 퇴진시키는 방법 중 헌법재판소를 통한 탄핵방법은 이미 박근혜 대통령 때 써먹은 방법이어서 국민의 저항운동을 유발, 헌법재판소 2/3 통과를 확보하기 어려울 수 있다. 그래서, 다른 방법을 강구하고 있는데, 이것이 바로 헌법개정인 것이다. 이것은 대통령을 합법적으로 퇴진시키고 체제까지 일거에 바꿀 수 있는 일거양득의 방법인 것이다. 잘하면 국민의힘의 헌법개정 여망을 활용할 수 있는 묘수이기도 한 것이다.

이미 국민의힘 내에도 헌법개정 필요성에 대한 주장들이 있었다. 과거부터 대통령 4년중임제(5년 단임제 폐해) 개헌 공감대도 있었고, 내각책임제 주장자들도 있다. 더욱이 윤석열 대통령부터 5.18 헌법전문 삽입을 받아들이겠다고 주장했고, 국민의힘에서도 이를 공론으로 받아들이고 있는 상황이다.

국민의힘은 순진하게 중임제 등 일부 헌법문제를 바꾸는 것 정도로 생각하겠지만 일단 협상에 들어가면 더불어민주당, 진보당, 조국혁신당 등 종북 좌파세력의 페이스에 말려들 것이다. 현재 더불어민주당 등이 어떤 사상을 가진 세력인지 잘 모르는 국민의힘으로서는 결코 감당하지 못할 것이다.

이들은 이미 오래전부터 1987년 자유민주주의체제헌법을 바꾸어야 한다는 견고한 입장을 꾸준히 밝혀왔다. 백낙청 교수가 쓴 『2013년체제 만들기』에도 그렇게 주장했고, 이재명도 1987년체제를 바꾸어야 한다는 입장을 견지하고 있다. 이번에 헌법개정이 되면, 대한민국은 자유민주주의체제가 인민민주주의체제의 헌법으로 바뀌고 말 것이다.

〈9〉 우파정당들의 연합전선 필요

국민의힘은 기타 우파정당들과 연대관계를 만들 필요가 있다. 좌파정당들은 무수히 많은 좌파정당들을 연대연합하는 총선전략으로 하나의 그물망을 만들어 승리를 거두었다. 정당은 달라도 원팀이 된 것이다. 적(敵)은 하나 '윤석열정권'이었고, 총선 프레임도 '윤석열정권 심판'이었다.

이러한 연대연합전술은 어떤 효과를 거두었나? 더불어민주당 탈당세력이 야권그룹에서 이탈하지 못하게 묶어두는 효과를 거두었다. 더불어민주당이 이재명세력 일색으로 공천하자, 친문세력 등 비명계가 불만을 품고 반발하고 탈당하는 러시가 일어났다. 탈당한 세력은 멀리 도망가지 못했다. 국민의힘 쪽으로 넘어가지 못하도록 중간에서 흡수하는 조국혁신당, 이낙연의 새로운미래 등

정당들이 있었기 때문이다. 그리고 좌파연대연합전선은 다양한 진지에서, 다양한 방법으로 윤석열 정권을 공격함으로서 타격의 효과성을 높이는 역할도 했다.

그런데, 우파진영은 어떤까? 우파정당간 연대연합을 하지 않고 각개전투를 했다. 그래서 서로 간 총질로 손상을 입었고, 연대연합전술을 펴지 않기 때문에, 틈새로 유권자들이 빠져나가는 현상도 발생했다. 앞으로 우파정당간 어떤 형태로든 연대연합전술을 펴는 방안을 강구할 필요가 있다. 그런데, 우파정당간 신뢰가 먼저 만들어져야 한다. 우리는 동지라는 동질감, 과도한 자당에 대한 편협한 생각들을 내려놓는 연습부터 해야 할 것 같다. 사심이 연대연합을 파괴할 수 있다.

〈10〉 우파정당, 우파시민단체들과의 연합전선 절실

박근혜 탄핵 무렵 때 있었던 일이다. 우파정당의 핵심간부와 식사를 하면서, “박근혜 탄핵사태에 효과적으로 대응하려면 우파세력과 연대해야 한다. 정당과 우파단체는 동반자이고 수레의 두 바퀴와 같다.”고 충언했다가 “뭐 이런 사람이 다 있나”라고 역공을 받은 적이 있다. 당시 국회의원들 머리 속에는 시민단체를 정당의 동반자라는 생각이 전혀 없었기 때문이었다.

좌파정당은 좌파단체 등과 연합해 박근혜 탄핵을 성공시켰고, 또다시 윤석열 퇴진 공세를 취하고 있다. 국민의힘이 또다시 자당 대통령이 중도에 퇴진 당하는 수모를 겪지 않으려면 우파단체들과 긴밀히 연대해야 한다. 지금 대한민국은 평시가 아니고 전시(내전)상황이다. 전쟁이 일어났는데 정규군이 부족하면 의병, 민병대와 연대활동을 전개해야 한다. 정보나 무기도 주고 작전회의도 하는 등으로 의병, 민병대의 전투력도 강화시키는 것이다. 6.25전쟁 때 국군은 학도병, 캘로부대(서북청년단) 등을 훈련시키고 합동작전에 활용하지 않았나?

지금까지 좌파정부, 좌파정당은 좌파시민단체 등과 긴밀히 연대하며 반정부 촛불시위 등 합동작전을 전개해 왔다. 2024년 총선에서도 더불어민주당이 촛불광장세력들에게 국회의원 비례대표 공천까지 주며 윤석열 퇴진투쟁의 전열을 가다듬고 있다.

그런데 우파정부, 우파정당은 우파시민단체를 필요시 활용하려고만 했지 동반자로 대우하며 연합할 생각을 하지 않았다. 좌파세력이 퍼트린 '극우' 프레임에 걸릴까 두려워해서이다. 그 두려움을 떨쳐 버려야 한다. 대한민국에는 극좌만 있을 뿐 극우세력은 없다. 좌파세력이 우파 결집을 막으려 퍼트린 프레임일 뿐이다. 이제라도 국민의힘은 우파시민단체들과 연대연합하는 노력을 기울

여야 한다. 사상전, 체제전쟁은 총력전이기 때문에 정당 간의 연합전선 만으로는 부족하고 우파시민단체들과 긴밀한 연대연합을 통해 전투대형을 빨리 갖춰야 할 것이다. 22대 국회에서는 더욱 치열한 사상전, 체제전쟁이 일어날 것이기 때문이다.

〈11〉 당이 나아갈 방향

결론적으로, 이제 당이 환골탈퇴. 혁명적으로 바뀌어야 한다.

국민의힘은 대한민국세력을 이끌어갈 정치적 향도임을 분명히 인식하고 이들을 잘 인도해야 한다. 국민의힘은 맞상대가 철저히 사상으로 무장된 종북 좌파세력이므로 국민사상교육에 적극 나서야 한다. 사상전 체제를 구축하려면 당 지도부의 자세, 당의 인적 구성, 전략전술 등 모두 바뀌어야 한다.

이제 국민의힘은 부족한 전투력을 보강하기 위해 민병대인 국민들에게 SOS를 쳐야 한다. 상당수 국민들은 알고 있다. 대한민국의 위기가 바로 이들 사악하며 무능하고 부패한 종북세력 때문이라는 것을. 이제 각성된 대한민국 국민들과 어깨를 나란히 하며 사상전을 전개하는 것이다.

이제 입법부를 장악한 이들과 맞상대를 하려면, 단순히 종북세력의 위험성을 경고하는 것으로는 부족하다. 이제, 유능한 정치세력을 양성하고, 국민들에게 대한민국세력의 주도정당으로서 반대세 패러다임을 대체할 대세 패러다임을 확립하며, 국민들에게 희망을 제시할 대한민국 발전 로드맵을 정립하고 정책으로 실행하도록 노력해야 한다. 이것을 국민들을 지속 알리는 범국민운동을 전개해야 한다.

(4) 우파단체들이 나갈 길

우파단체들은 박근혜 대통령 탄핵 이후 많은 희생을 하며 노력했지만 기대했던 만큼 결실이 적었다. 우파단체들이 대체로 모래알처럼 분열이 심했고, 좌파세력에 대응할 역량을 보여주지 못했다. 좌파세력에 대한 사상학습을 제대로 하지 않았고, 우리 앞에 놓인 전쟁을 정확히 분석하고 대응방안을 체계적으로 모색하지 않았기 때문일 것이다.

2024년 4월 총선이 끝난 후, 우파인사들과 접촉하면서 뭔가 달라진 것을 느꼈다. 지금까지와는 다른 뭔가 새로운 방법이 필요하다는 인식이 퍼져 있었다.

우파단체나 우파시민들에게 건의하고 싶은 것들을 몇 개만 지적하고자 한다.

〈1〉 우파단체의 공헌과 위기극복 노력들

박근혜 대통령 탄핵 이전까지만 해도 우파운동이 제대로 형성되지 않았다. 우파조직들도 미비했고 좌파들의 공세에 제대로 대응하지도 못했다. 교회, 단체, 동창회, 각종 카톡방 등에서도 좌파 한 명이 대들면 모두 침묵했다. 어떻게 대응해야 할지도 몰랐다.

그러나 박근혜 탄핵과 문재인 정권을 겪으며 많은 우파단체들이 생겼고, 좌파들의 논리에 대항하는 용기도 커졌다. 각종 유튜브를 통해 정세나 논리로 무장해, 각종 모임, 단체, 교회, 동아리 카톡방 등에서도 일방적으로 당하지만 않고 오히려 더 큰 목소리를 낼 정도로 투쟁력도 강해졌다.

모래알 같은 우파시민들이 조직을 만들고 투쟁운동도 열심히 했다. 거의 희망이 보이지 않던 정권탈환도 기적적으로 가능했던 이유다.

이렇듯 모래알 우파시민들의 긍정적 측면도 있었지만 문제점도 상당했다.

첫째, 문재인정권기 동안 많은 조직들이 만들졌으나 여러 가지

문제점으로 투쟁력을 제대로 발휘하지 못했다. 지휘부만 있고 회원들의 적극적인 동참을 이끌어내지 못해, 이름 뿐인 조직들도 상당했다. 단체들마다 분열상도 심했다. 단체들간 연대연합이 이루어지지 않아 일사분란한 연합작전이 곤란했다. 윤석열 정부에 들어온 후 그 현상이 심해졌다.

둘째, 우파세력은 윤석열정권 창출 후, 그간의 피로감이 누적된 탓과 우파정권 등장이 곧 국가정상화로 잘못 인식한 탓으로 조직력과 투쟁력이 상당히 해이해졌다. 윤석열 정부가 알아서 문재인 정권기의 적폐를 청산해주겠지 하며 기대하고 방심하기도 하며, 상당수가 생활인으로 돌아갔다. 2024년 총선 때, 결과적으로 입법부를 이재명세력에게 빼앗기는 비운을 맞게 된 것이다.

다행스럽게도, 총선 이후 우파단체들을 많이 만나 본 결과, 어떤 단체든, 어떤 인사든 불안감과 혼미상태를 겪으며, "그간 8년 동안 해왔던 애국운동의 결과가 이재명체제란 말인가?"라며 비애감을 표출했다. '이제는 뭔가 바뀌어야 한다'는 절박감을 느끼며, "이번 총선 패배요인은 무엇인가?", "그렇다면 새로운 해결책은 무엇인가?"라며 대안을 찾고 있었다. "각 단체들이 결집할 방법은 무엇인가? 모든 단체들이 연대연합하는 방법은 무엇인가? 정부와 우파정당, 우파단체, 우파시민들이 가야할 전략전술은 무엇인가?" 등 대책 논의를 활발히 하고 있었다. 이렇듯, 총선 이후 우파진영 모두가 문제의식을 느끼고 반성하고 새로운 대안을 찾으려 노력하고 있었다.

〈2〉 우파국민의 고질병 고쳐야

첫째, 조급증이다. 우파단체들이나 우파국민들도 나라를 걱정하며 투쟁하는 등 애쓴 것은 감사한 일이다. 그러나 이 전쟁이 보이지 않는 사상전쟁, 가치관의 전쟁, 생각의 전쟁이라는 사실을 망각하고 있다는 점이다. 사상전은 지식의 전쟁이며 역사관의 전쟁이며, 가치관의 전쟁이다. 이 전쟁은 가정 내에서 아들과 딸, 손자와 손녀와도 벌이는 것이다. 이 전쟁은 국민들의 마음을 얻는 전쟁이다. 이 전쟁에서 승패는 다수의 마음을 더 얻는 세력이 승리하는 전쟁이다. 이러한 전쟁은 짧은 시간내에 그칠 전쟁이 아니고 긴 전쟁이다. 그래서, 긴 호흡을 하며 조급증을 버려야 한다.

둘째, 방심병이다. 이번 총선에서도 보았는데, 여론조사 결과가 좋으면 그냥 방심하여 관망하고, 뒤지는 것으로 나오면 이내 조급증을 내 지휘관을 공격, 자멸하는 등 사태를 그르치는 것을 많이 목격했다.

셋째, 팔로십 부족이다. 우파단체들을 보면서 느낀 것인데, 너무 똑똑하고 잘 난 사람이 많다 보니, 팔로십이 부족한 것이 문제였다. 단체 구성원들을 보면 너무나 좋은 학벌, 경력, 설득능력도 훌륭하다. 그러나 함께 모아 놓으면 분열갈등, 논쟁, 지도자에 대한 비판 등으로 에너지 낭비가 심하다.

넷째, 사상공부를 너무 하지 않는다는 점이다. 우리가 당면한 전쟁은 정말로 교활한 좌파세력과의 사상전이다. 엄청난 전략전술을 가지고 덤비는데, 단순히 '내가 6.25전쟁을 겪어서 아는데, 공산주의 나쁘다' 이런 식으로는 결코 이길 수 없다. 우리나라 현재 좌파세력은 세계에서도 가장 뛰어난 전략전술 능력을 보유하고 있다. 자유민주주의체제에 맞는 탁월한 위장능력, 변신능력까지 보유하고 있다. 이러한 세력의 실체를 국민들에게 알려주려면 사상공부를 철저히 해야만 한다.

〈3〉 독립적인 민간우파단체의 중요성

양동안 교수는 1988년 현대공론에서 쓴 "우익은 죽었는가?"라는 글에서 말했다. 좌익세력이 너무 커서 앞으로 정부의 힘만으로는 척결할 수 없을 것이라며, "민간우익이 나서야 한다"고 강조했다. 당시 우파인사들은 "좌익을 제압하는 것은 정부(안기부, 보안사, 검찰, 경찰 등)가 해야지, 어떻게 민간우익들이 할 수 있나?"라며 무시했다. 그러나 문재인정권을 거치며 이 말이 무슨 말인지 알게 되었다. 주사파가 정권을 잡는 순간, 국정원, 검찰, 경찰, 기무사 등 모든 정부기관이 장악당해 올스톱되고 체제수호 역할을 할 수 없었다. 오히려 좌파세력이 그 조직을 장악해 진지를 파괴하고, 역으로 우파세력을 공격하는 일이 비일비재했다. 그때 서야 우파들이 깨달았다. 정부의 통제를 받지 않는 자발적이고 독립적인 민간단체들이 매우 중요하다는 것을. 그러나 우파세력은 그간 민간우익단체들을 제대로 조직하고 양성하는 일을 극히 소홀히 했다. 자유총연맹, 향군 등 관변단체들을 보고 민간 우익단체가 있는 것으로 착각했다. 자발적이고 독립적인 소규모 우파 민간단체들이 중요하다.

민간단체라고 해도 거대해지거나 정부의 지원을 받는 단체가 되면 적극적인 활동을 하기 힘들다. 거대해 지면 결정과 행동이 느려지고, 좌파의 대내외 공세에 대응하는 투쟁력이 약해진다.

우파단체의 대명사인 자유총연맹, 재향군인회, 민주평통, 새마을운동협의회, 바르게살기협의회, 대한노인회 등인데, 적극적인 종북세력 비판활동을 하지 못하고 있다. 그렇게 된 것은 국가정체성이 뚜렷한 인물로 지도부를 구성하지 못한 탓도 있지만 이들 조직들을 무력화하기 위한 좌파세력의 공세에 위축당한 측면도 있다. 정부의 예산지원까지 지원을 받는 경우, 야당의 눈치를 보지 않을 수 없는 것이다.

교회도 마찬가지다. 큰 교회가 되면 체제수호활동을 하기 힘들어진다. 좌경 교인들의 이탈과 저항을 두려워하는 측면도 있지만 좌파정당이나 좌파언론, 좌파단체들의 집중 공세를 두려워하기 때문이다.

대기업도 마찬가지다. 노조의 반발, 좌파정치세력의 집중 공세를 받기 때문이다. 자발적이고 독립적인 중소기업이 오히려 더 체제수호활동을 잘 할 수 있다. 그래서 자유민주주의체제가 튼튼하려면 중소기업이 발달하고 중산층이 두터워야 하는 것이다.

중소 민간단체의 중요성의 연장선상에서, 여러 우파 민간단체들을 하나로 통합하면 좋을 줄로 생각하는 경향이 있는데, 부작용이 많으므로 무리한 외형확장 노력을 하지 말라는 것이다. 나는 우파단체들을 거대하게 통합해 잘되는 것을 보지 못했다. 오히려 부작용이 훨씬 많았다. 시너지 효과를 내기보다 행동력이 느려지고 갈등, 분열상으로 조직역량이 위축되는 경우가 많았다. 개별단체들의 자발적이고 독립적인 활동을 활성화하도록 하되, 여러 단체들이 행동방침과 노선을 공유함으로써 행동통일을 기하는 방법이 훨씬 더 유효하다.

〈4〉 체제전쟁에 맞는 전투대형 갖춰야

첫째, 많은 우파단체들을 살펴보면, 처음은 거창한 전국조직을 만드는데, 나중에 보면 모래알과 같은 조직으로 변한 모습을 보인다. 조직을 만드는 목적과 취지, 조직을 운영하는 사상과 노선이 명확하지 않기 때문이다. 조직의 목적과 취지, 노선을 분명히 하고 조직원들에게 이를 공유하는 기회를 많이 가져야 한다.

둘째, 철저한 목표의식과 사명감을 가진 소수를 중심으로 모체조직을 먼저 만드는 것이 중요하다. 우파단체들을 만들 때, 대개 명망가를 중심으로 많은 사람들을 짧은 기간에 동참시켜 보다 큰 조직을 만들려는 경향이 강하다. 이렇게 하면 십중 팔구 모래알 조직이 된다.

투쟁력이 있는 전투조직을 만들려면 코어조직을 만든 후 확장시켜 가야 한다는 점이다. 소수의 목표의식과 사명감을 가진 인물들을 어떻게 잘 결집하느냐가 가장 중요하다. 뚜렷한 목표의식과 사명감이 없는 사람들이 많이 포함되면 될수록 조직은 모래알이 될 수밖에 없다.

성경에도 있다. 기드온 300용사. 옆 나라와 전쟁을 앞두고, 군사를 모으니 3만 2천명이었다. 하나님의 지시에 따라 두려워서 떠는 자 2만 2천명을 집으로 돌려보냈고, 또 남은 자 1만명 중에서도 전쟁할 자세가 된 자 3백명만 남기고 다 돌려보냈다. 이 300용사를 가지고 밤에 횃불을 들고 나팔을 불며 항아리를 부수며 공격해 대승을 거둔 것이다.

자유민주주의체제는 국민들의 다수의 지지를 얻는 것도 중요하지만 사상전쟁인 만큼 단순히 머릿수 만으로는 결코 이길 수 없다. 우파단체들도 전투자세를 가진 인력을 중심으로 체계적인 전투대형을 갖추어야 한다. 숫자의 많음보다 훈련되고 사명감이 투철하고 전략전술을 이해한 소수의 전사들이 조직의 중심을 이루고, 그 외곽 동심원들에는 협조, 동조하는 세력을 순차적으로 묶는 식이다.

김일성의 지령에 따라 조직된 민혁당도 가장 사상성이 투철한 분자들로 선발된 정회원은 100여명, 준회원은 400여명이고, 외곽단체까지 합치면 4,000여명에 이르고, 이들이 영향력을 미치는 범위는 몇 만명이라고 한다. 민혁당의 강력한 조직력은 투철한 사상성향을 기준으로 한 것이다. 그렇게 조직화해야 강력한 견인력이 생긴다. 노선과 사상, 사명감이 철저한 그룹이 선도하지 않으면 절대로 강력한 조직력이 나올 수 없다.

모래알 조직을 콘크리트 조직으로 만드는 방법은 무엇일까? 모든 회원들에게 노선과 사상을 교육해 넣어야 단단한 콘크리트 조직으로 변한다. "왜 우리는 하나인가?", "왜 우리는 목숨걸고 투쟁해야 하는가?", "적은 누구인가?", "적은 어떤 전략전술을 쓰나? 그러면 우리는 어떤 전략전술을 써야 하나?" 이런 질문에 대한 대답이 바로 사상이고, 구성원들이 이것을 무장하는 것이 사상학습이다.

셋째, 수백개의 애국단체가 각기 독자적인 활동을 하면서도 모든 단체들이 공유하는 사상교육을 해야 한다. 그래야 모든 단체들이 일사불란한 합동작전이 가능한 것이다. 사상은 모든 구성원들을 한 방향으로 나가게 하는 나침반이며 네비게이션이다.

(5) 우파국민의 행동 가이드라인

〈1〉 우파 개념 제대로 인식하고 포용적 자세 갖기

활동 우파세력은 위기상황에 직면해 열심을 내고 적극적인 활동을 하는 것은 좋은데, 선명성을 강조하다 보니, 우파세력을 분열시키는 부작용을 낳기도 한다. 아는 만큼 보인다고 자신이 위기의식을 느끼다 보니, 행동하지 않는 사람을 보면 성질이 나고 화를 내고 싸우려 들기 십상이다.

또한, 행동 우파세력을 보면, 조직목표와 활동 방향, 과거 행동 등을 둘러싸고 분열과 갈등이 심하다. '부정선거 인정하냐, 부정하냐? 박근혜 대통령 탄핵에 찬성했냐 반대했냐? 5.18사태 북한군 개입 인정하냐, 반대하냐?' 까지. 총선 때는 '국민의힘 지지냐, 다른 우파정당 지지냐?'를 두고 서로 내분을 일으키기도 했다. 이러한 행동 우파들의 분열은 내분을 일으키고 결국 종북 좌파세력에게 어부지리를 얻게 하는 부작용을 낳기도 한다.

행동 우파들은 자신의 경험과 인식에 바탕을 두고 선명성을 너무 강조하는 경향이 있다. 박근혜 탄핵에 반대활동을 했던 사람은 박근혜 탄핵에 동조한 사람을 용납하지 못하는 경향이 강하다. 부정선거에 집중하는 사람은 부정선거가 없다고 하는 사람들을 용납하지 못한다.

이들은 우파 범위를 지나치게 협소하게 보는 경향이 있다. 이들은 "국민의힘이 우파정당이 아니다"고 말하며 배척하는 경우가 대표적이다. 이들은 적극적인 애국운동을 하는 것은 좋은데, 우파 전체를 통합하기는커녕 내부분열을 초래하는 경우도 있다.

행동 우파들은 그간 노고도 많고 애국심도 존중하지만 좀 넓은 시각을 가졌으면 한다. 행동 우파세력은 전체 우파세력의 극히 일부일 뿐인데, 자신들의 선명성을 중시한 나머지 '행동 우파세력은 곧 우파세력 전체'로 생각하는 듯하다.

그러면 우파 개념에 대해 알아보자. 우리나라에서는 우파-좌

각성우익, 포용적 자세로 우군 확장 필요

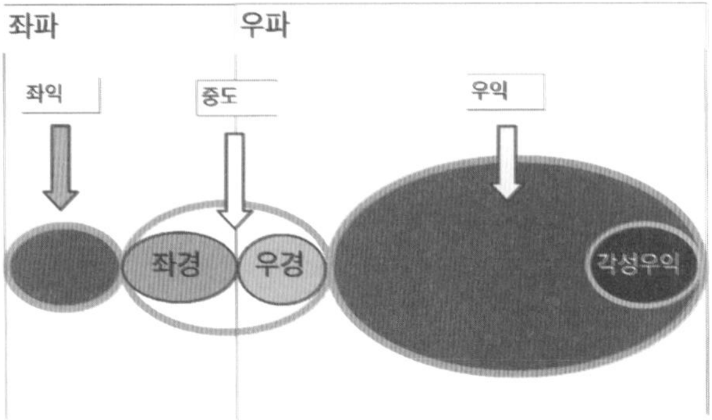

파 개념을 많이 쓰는데, 우파=우익+우경세력, 좌파=좌익+좌경세력 개념으로 사용되고 있다. 그래서, 우익이란 자유민주주의를 지향하는 세력이고, 우경세력은 중도세력 중 우익으로 기울어진 세력으로 보면 될 것이다. 좌익은 공산주의, 사회주의를 지향하는 세력이고, 좌경세력이란 중도세력 중 좌익으로 기울어진 세력으로 보면 될 것이다. 그래서, 우파세력은 상당히 넓은 범위를 포함한다.

우파세력의 중심을 이루는 우익세력조차도 체제위기를 깨닫지 못한 경우가 상당한데 중도의 우경그룹은 어떠할까? 각성되지 못한 사람들이 태반일 것이다.

행동 우파세력은 체제위기를 깨닫고 행동하는 우파그룹을 말한다. 이들은 우파세력 전체 중 극소수에 불과한데도 자신들을 받아들이지 않으면 우파세력 자체를 배척하는 것으로 인식하는 그룹도 있다(일부지만). 이들은 국민의힘을 향해 "왜 우파세력을 배척하느냐", "국민의힘은 우파정당이 아니다.", "한동훈은 좌파다", " 윤석열은 문재인 사람이다" 등으로 규정하기도 한다. 이런 협소한 인식을 가지고, 윤대통령도, 한동훈도, 국민의힘도 배척하면 남는 세력은 얼마나 될까? 우파 다수를 배척하고 행동 우파세력 만으로 종북좌파세력을 제압할 수 있을까?

대한민국 자유민주주의체제를 수호하려면 자유민주주의를 좋아하는 국민들의 대다수를 우군화해야 하지 않을까? 종북 좌파세력은 통일전선전술로 우군을 확장하는 것을 본받아야 한다.

〈2〉 내부 총질은 이제 그만

지난 총선을 보면서 심각한 문제로 보았던 것은 우파정당끼리 총질이며, 우파정당 지도부를 심각하게 공격하는 자해현상이었다. 자기 마음에 안 든다고 아군이나 아군의 지휘관을 공격하는 일이 많았다. 물론 그 공격 명분이 있는 것도 있지만 그래도 선거

전쟁을 진두지휘하는 지휘관을 집중 공격하는 태도는 매우 나쁘다. 그것이 사실인지 여부를 떠나 전쟁지휘관을 향해 그런 총질은 적을 이롭게 하는 것이다.

총선이 끝난 지금, 우파진영 곳곳에서 윤석열 대통령이나 국민의힘을 비난하는 현상이 심하다. 지금은 내전상황인데, 함부로 감정적으로 대처하는 것은 자제해야 한다. 특히 윤석열 대통령을 과도하게 비난하거나 탈당을 요구하는 것은 낙동강 전선에서 백선엽 장군을 등 뒤에서 총질하는 것과 같다. 윤석열 대통령이 낙심하지 않도록 최대한 힘을 실어주어야 한다. 국민의힘을 지나치게 난타하는 것도 멈춰야 한다. 지금은 난타할 때가 아니다. 윤석열 정부와 국민의힘 간 갈등을 부추기는 일은 적을 이롭게 하는 것이다. 국민의힘, 기타 우파정당, 우파단체들이 모두 힘을 합해 윤석열 대통령을 엄호하면서 좌파진영과의 투쟁에 총력을 기울여야 한다.

〈3〉 사상전은 마음을 얻는 전쟁, 웃는 얼굴로 대하라

우파들은 조급증을 내고 성질을 내는 경향이 강하다. 사상전은 마음을 얻는 세력이 이기는 전쟁이다. 내 자식과 이웃과 친구들한

테 말할 때 조근조근 말해야 된다. 성질을 내면 도망간다. 역효과를 내는 것이다.

태극기집회가 일어나던 광화문. 여중생 10여명이 그 앞을 지나가고 있는데, 어떤 여학생이 옆을 돌아보며 피씩 웃었다. 이에 성질이 난 할머니가 그 학생들을 향해 쌍소리를 했다. 그러자 모든 여학생들이 다 돌아보면 웃고 지나가는 것을 보았다. 아마도 10여명 모두 마음속으로 "수구꼴통", "틀딱"이라고 비웃었을 것이다. 그 때 10여명의 여학생들의 마음을 잃어버린 것이다.

좌파들은 얼마나 사람들의 마음을 얻으려 노력하는가? 실제는 공산화, 북한과 같은 나라를 만들려 하면서도 다정한 친구처럼 다가가 진보, 평화를 외친다. 가난한 사람을 위해 태어난 천사로 포장하고 사탕발림 소리를 외쳐대는 것이다. 우리는 진리와 정의를 지향하면서도 왜 험악한 얼굴과 소리를 쳐 사람들의 마음을 잃어버리는가? 안타까울 뿐이다.

화장을 하고 예쁜 몸가짐과 웃는 얼굴로 사람을 대하며, 우군화하도록 하자.

4장

마무리 : 대세운동, 대한민국 살린다

〈1〉 국가위기 본질은 국민들이 체제위기 잘 모른다는 것

대한민국, 완전히 전복된 상태

아직도 많은 국민들은 잘 모르고 있지만 사실 대한민국은 종북좌파세력에 의해 체제가 전복된 상태고, 사실상 적화된 상황이다. 대한민국은 원래 우파(자유민주주의)의 나라였는데, 지금은 좌파(공산 · 사회주의)가 국가주도권을 장악한 상태로 역전된 것이다. 좌파 중에서도 가장 위험한 종북세력 즉, 북한을 맹종, 추종하는 종북세력이 정치 경제 사회 문화 등 모든 부분을 사실상 주도하는 상태가 된 것이다. 이번 총선이 그 실상을 단적으로 말해주고 있다. 진성 종북세력이 입법부 절대의식을 장악한 것이다. 이들이 노리는 마지막 단계는 대통령 자리를 차지하는 것과 헌법을 바꾸는 것이다. 그 다음은 북한과 적화통일하는 것이다.

국민들, 공산화로 가는 줄 모르는 이유

국민들의 대부분은 체제위기가 이토록 심각한 줄은 잘 모르고 있다. 상당수는 자유민주주의체제가 잘 유지되고 있는 줄 착각을 하고 있다. 왜 그럴까? 문재인정권이 국회를 통한 법률, 지방의회를 통해 조례 등 합법적 방법으로 바꾸었기 때문이다. 문재인정권은 5년 동안 4,025건의 법률을 제정 개정했고, 조례를 제정 개정한 것만도 8만건이 넘는다. 그 법률, 조례 안에 엄청난 체제변혁을 가져오는 위험한 요소들을 담고 있다.

우리 국민들은 일반적으로 공산화가 피를 흘리는 혁명을 통해서만 이루어지는 줄 안다. 합법적 방법(비합법적 방법도 병행)으로도 얼마든지 이루어질 수 있다는 것을 알아야 한다.

실제로, 북한이 공산화할 때도 토지개혁령(1946.3), 중요산업국유화령(1946.7) 등 법령을 통해 합법적 형태를 취하며 공산화했다. 동유럽 국가들도 공산화과정에서 정당, 선거, 의회 의결을 통해 헌법과 법률을 바꾸고 공산화했다. 베네주엘라 차베스도 1998년 선거로 정권을 잡은 후 49개의 법률을 바꾸어 사회주의체제로 변혁했다. 국회에서 만든 법률에 의해서도 얼마든지 체제변혁을 할 수 있다는 것을 명심해야 한다.

〈2〉 대세 각성만이 대한민국 살린다

이번 2024년 총선은 우리 국민들이 얼마나 체제위기에 무지한지를 보여주는 세계사적 대사건이라 할 것이다. 다수의 국민들이 오판으로 총선에서 진성 종북세력에게 국회권력을 넘겨 주었다. 국민들의 사상적 무지가 낳은 산물이다. 그간 국민들이 안방에 스며드는 연탄가스처럼 조용히 소리 없이 공산화의 독가스를 마셔

취했기 때문이다. 세계 10대 선진국도 사상에 대해 무지하면 자유민주주의를 좋아하는 국민들에 의해 자유민주주의체제가 파괴될 수 있다는 것을 보여준 것이다.

앞으로가 문제다. 입법부를 장악한 종북 좌파세력은 국회 의결을 통해 법률과 헌법을 바꾸고 대통령을 퇴진시키는 체제혁명을 추진해 나갈 것이다. 민주적인 방법으로 윤석열 대통령을 퇴진시키고 헌법을 바꾸어 공산체제로 직행해 갈 것이다. 혁명적 방법이 아닌 자유민주주의, 법치주의 형태를 띠고 말이다. 그래서, 이러한 민주적 방법으로 공산화하는 것을 '민주적 공산주의'라고 하고, 이 노선을 취하는 세력을 '민주적 공산세력'이라고 하면 좋을 것이다. 이때 민주라는 말의 의미는 자유민주주의가 아니고, 인민민주주의이다.

이제, 대한민국 자유민주주의세력은 깨달아야 한다. 체제전쟁이 심각하다는 것을. 이러한 체제전쟁 상황임을 재빨리 국민들에게 알려야 한다. "전쟁이다"라고 외쳐야 한다. 그리고 대한민국을 사랑하는 사람들은 뛰쳐 나와 사즉생의 자세로 전투에 참가해야 한다.

대한민국세력은 전투에 참가하기 전, 전투하는 방법에 대해 훈련을 받아야 한다. 군대가 일사분란한 전투를 하려면 논산훈련소 합동훈련을 받아야 하듯이, 보이지 않는 사상전은 더 교묘하기 때문에 체계적인 훈련을 받아야 한다.

이 책은 사상전에 나서는 대세국민들이 기준으로 삼아야 할 교범이다. 이 교범을 기준으로 삼아 국민깨우기운동을 전개해야 할 것이다. 모든 참전자들이 한 곳에서 훈련받을 필요는 없다. 이러한 소프트웨어를 공유하면 되는 것이다. 시간과 장소는 달라도 같은 내용을 공유하면 합동전투가 가능하다.

〈3〉 대한민국 구할 희망의 출구는 대세운동

대세운동 성공하려면 우파진영 모두 나서야

우파정부, 우파정당은 물론 우파단체, 우파국민들 모두 공유할 대세이념을 정립하고 대세운동에 나서는 길이다.

첫째, 정부가 해야할 일은 대세이념에 기초해 기존 법안들의 문제점을 분석하고 대안법안을 만들고, 각종 정책들을 개발하는 것이다.

둘째, 우파정당도 지금까지의 무이념성을 벗고, 대세이념에 입각한 당 정체성을 확립하고, 재집권을 위해 대세운동에 적극 나서야 한다. 이를 위해 정치학교를 활성화, 당 조직원들부터 자발적으로 정체성 교육을 실시하고, 대세이론에 입각한 각종 전략과 공약을 개발한다. 그리고 전국 조직별로 평소부터 유권자 깨우기운동을 전방위적으로 전개하는 것이다.

셋째, 우파단체들도 대세운동에 적극 나서야 한다. 각 단체 지도자들이나 강사들이 연수교육을 받은 후 각 단체별로 지도하면 될 것이다.

넷째, 기독교 등 종교단체들도 대세운동에 적극 나서야 한다. 종교단체는 신앙의 자유가 있어야 존재할 수 있기 때문이다.

대세운동의 핵심은 국민깨우기운동

첫째, 대세운동에서 가장 중요한 것은 주권자인 국민, 유권자깨우기다. 자유민주주의국가에서는 대통령도, 국회의원도 모두 국민의 선택에 달렸기 때문이다. 대한민국의 주권자인 국민, 유권자가 깨어나지 않으면 절대로 자유민주주의체제가 정상적으로 굴러갈 수 없다.

모든 세상사가 그렇지만 문제의 해결책은 문제 속에 있다. 대한민국의 체제위기를 극복할 수 있는 최적의 방법도 깨닫지 못하는 국민들을 어떻게 깨우느냐에 달려 있다.

『국민들 모르는 사이, 공산화로 가는 대한민국』이라는 소책자와 순회강연회를 하면서 느낀 것은 주요 단체들이 동참해 국민깨우기운동을 전개하면 큰 효과가 있을 것이라는 확신이다. 또 하나

깨달은 것은 체제위기의 심각성은 선거 때가 아닌 평소 때 더 적극적으로 해야 한다는 점이다. 선거 때만 하면 어떤 정치적 목적으로 가지고 색깔론으로 덮어씌우려고 한다는 오해를 받을 수 있기 때문이다. 선거시기가 되면 선거법 위반으로 그런 활동을 못할 수가 있다.

둘째, 국민들에게 알리는 내용은 진실한 것이어야 한다. "그동안 도대체 나는 왜 이토록 심각한 상황임을 몰랐나?"라는 탄식이 나올 정도로 위기의식을 느끼는 내용을 있는 그대로 알려주는 것이다.

셋째, 어떻게 하면 체제위기에 대한 국민깨우기운동을 잘 할 수 있을까? ▷대한민국에게 당면한 체제위기를 극복하기 위해서는 먼저 사태의 원인을 진단해야 한다. ▷반체제세력의 사상적 실체, 위기의 본질을 국민들에게 지속 반복적으로 알려 일거에 깨우는 것이다.

셋째, 반체제세력의 실체를 국민들을 효과적으로 알릴 수 있는 방법은 무엇일까? 진실에 입각한 사실을 간단, 명료, 단순, 명쾌한 논리로 정리한 후, 지속 반복적으로 국민들의 눈과 귀에 도달케 하는 것이 핵심이다.

넷째, 국민깨우기운동은 연쇄적으로 해야 대폭발, 빅뱅이 일어난다. 과학계의 핵분열반응처럼, 교회의 제자훈련처럼, 경제계의 다단계처럼.

전방위적으로 연쇄 국민깨우기운동이 일어나려면 많은 수의 대세운동을 이끌 단체별, 마을별 지도자교육과정 및 강사양성 교육과정이 필요하다. 필수교재와 교안으로 교육을 받고, 자기 단체들과 지역 · 마을에 적용하는 것이다. 과거 새마을운동이 전국적으로 성공한 것은 새마을연수원에서 새마을지도자교육과정이 있었기 때문이다. 이 때 성공사례 발표를 통해 많은 자극을 받고, 전국으로 열기가 퍼져 났다. 이 마을지도자들이나 단체 지도자들이 교육을 받고 공부를 한 후, 소책자나 영상을 가지고 마을로 가 전파하는 운동을 하는 것이다.

나는 몇 년 동안 소책자운동을 전개한 경험이 있다. 유튜브 강의를 통해 소책자를 읽도록 흥미를 유발했고, 소책자를 읽은 독자들이 다시 주위 가족, 친구, 이웃 등에게 연쇄배포운동을 전개하도록 했다. 그 결과, 먼저 깨달은 사람들이 주변에 다시 소책자나 강의영상을 나누는 운동이 일어났다. 이렇게 하여 대한민국 하부 곳곳으로 전파되어 많은 변화를 일으켰다.

〈4〉 누가 절망을 말하는가?

독자들에게 마지막으로 말씀드리고 싶은 것은 절망하지 말라는 것이다. 생각건대, 어쩌면 "위기가 곧 기회가 될 수 있다." 6.25 전쟁이 일어나기 전에, 우리 국민들이 좌경화가 극심했다. 그런데, 6.25전쟁 일어난 후 3개월 만에 완전히 바뀌었다. 북한군과 남한 마을의 좌파분자들이 온갖 악행을 저지르는 것을 보고 공산주의가 얼마나 나쁜지 깨닫게 된 것이다. 6.25전쟁 3개월이 대한민국 모든 국민들을 반공의식으로 무장하게 한 것이다.

지금 대한민국도 진성 종북세력이 장악한 입법부를 통해 4년 동안 많은 악행을 보게 될 것이다. 이를 통해 국민들의 대각성이 일어날 것이 분명하다. 이 책은 국민대각성운동을 빨리 일어나도록 하기 위해 만든 것이다.

누가 절망을 말하는가? 나는 절망으로 글을 시작하여 이제 희망으로 마치고자 한다. 전쟁의 폐허를 뚫고 세계를 무대로 기적을 일구어낸 대한민국이다. 우리에게는 위기를 기회로 만드는 애국심이 있고 "한번 해보자"라는 기질도 있다. 한번 발동이 걸리면 물불을 안 가리는 '한 성질'도 있다. 6.25전쟁 때 나라가 공산화될 위기 앞에서 군인들과 학도병들이 나라를 위해 목숨을 내 놓았다. 이 정신이 발화된다면 못할 것도 없다. 이제 희망을 현실로 만들기 위해 치밀한 전략과 용기 있는 행동이 필요하다.

에필로그

대한민국을 사랑하는 모든 이에게 마지막 말씀을 올린다.

무엇이 두려운가? 우리가 두려워할 것은 오직 우리 스스로에게 있다.

우리는 우리 스스로의 정체성을 잃고 그때그때 상황에 따라 전략을 바꾸고 시류에 편승하며 달콤한 유혹에 굴복하였다. '모난 돌이 정 맞는다.'는 자기본능에 충실했다.

이제 우리는 알아야 한다. 우리 스스로 중심을 잡지 못한다면 늘 방향감각을 상실한 채 어두운 공포 속에 표류할 것이다.

우선 정치세력이 중심을 잡고 위기에 빠진 대한민국을 위해 헌신해 주길 바란다. 나를 버리고 우리를 아는 진정한 리더가 필요하다. 그래야 애국세력이 하나가 되어 행동하고 국민들이 동참한다. 그래야 재집권이 가능할 것이다.

나는 참회하지 않을 수 없다. 나부터 행동하지 않을 수 없다. 더 이상 아무것도 두렵지 않다. 나는 지금부터 우리를 위해, 우리가 안고 있는 상처와 두려움을 극복하기 위해 행동할 것이다. 진정한 대한민국 리더들을 만들어 내고 국민을 깨우는 국민운동에 앞장설 것이다. 이를 통해 재집권을 반드시 이뤄내고, 나아가 위대한 대한민국을 만드는데 내 모든 것을 바칠 것이다.